JN325259

中央大学社会科学研究所研究叢書……34

有権者・選挙・政治の基礎的研究

宮野　勝　編著

中央大学出版部

は し が き

　本書は，有権者・選挙・政治にかかわる研究論文を集めた論集である。

　各章で取り上げているテーマは，有権者の政治的関心をどのように測定するか（1章），有権者は新自由主義や安全保障にかかわる政策をどのような構造で捉えているか（2章），争点の単純化や政党分裂という政党間競争のあり方はどのような論理で説明できるか（3章），90年代中ばという政党の離合集散の時期に有権者の政党支持はどのように変化したか（4章），98年参院選という「不思議」な選挙をどのように説明できるか（補章），である。

　それぞれ独立した基礎的研究であり，対象とする時期も異なるが，いずれの章も，日本政治の現状やあり方への強い関心が背景にあり，現代の日本政治を理解するためにポイントとなる重要な論点を対象としている。また各章では，従来とは少し異なる手法・方法の適用を試みながら有権者・選挙・政治の実態や変化を分析し，これらテーマの研究を一歩進めようとしている。

　第1章は，有権者の「政治的関心」の測定方法についての試論である。従来の世論調査では，「あなたはふだん，政治にどのくらい関心がありますか」などの自己評定質問が使われてきたが，回答者によって関心の有無の判定基準が異なるなどの問題があった。これに対応するために，「ヴィネット基準点法（Anchoring Vignettes Method）」を用い，政治的関心の測定結果がどのように変わるかを調べている。

　第2章は，有権者の「政策空間」（諸政策に対する選好の構造）において，個々の政策に対する選好の間の関連を明らかにしようとする。従来の因子分析に代わって「グラフィカルモデリング」を用いることで，自由民主党の政策空間の変容に対応して，有権者の政策空間がどのように変化してきているのか，特に，(1)新自由主義は有権者にどのように受容されているか，(2)自由民主党に投票する有権者の政策空間は，新自由主義がもたらす社会不満を吸収しえているか，という2点について検討している。

第3章は，1993年以降の「政党間競争」の論理的な構造を数理モデルを用いて探索する。数理モデルとしては，通常の合理的選択理論の枠組みを拡張したコールマンによる「交換ネットワークモデル」を用い，(1)政党による争点の単純化や1つの政策・法案への執着，(2)政党内の派閥が分裂しようとする行動，という2点をとりあげ，それらがどのような論理で導かれるのかを論じる。

第4章は，1990年代中期という政党の離合集散の激動期における「政党支持意識の変容」について考察する。新聞社の世論調査・明推協（財団法人 明るい選挙推進協会）の選挙後調査・JES2パネル調査などの比較可能性を探り，またJES2パネルデータにおける対象者の漸減（attrition）の問題に対して「多重代入（multiple imputation）」法を用い，さらに，JES2データにおける新規補充回答者は refreshment sample に近いのではないかと推測しつつ，多重代入データ・新規補充回答者・明推協の選挙後調査データを比較している。

補章は，1998年参院選という，「驚き」が多かった選挙の分析である。この選挙では，選挙前の自民大勝予想がくつがえったり，投票1〜2週間前のマスコミ情勢調査が外れたり，95年参院選で著しく下落した投票率が再び上昇したりした。これらについて，市区町村単位の選挙結果（マクロデータ）を分析し，さらに選挙直後の世論調査（ミクロデータ）を分析し，謎を解こうとしている。

本書は，2010年度から2013年度にかけて，中央大学社会科学研究所においてなされた共同研究「選挙と政治」チームの報告書である。2章は書下ろしだが，1章・3章・4章は，『中央大学社会科学研究所年報』に掲載された論文に加筆修正（1章は翻訳）したものである。なお，補章は元来，1999年5月の日本選挙学会発表論文である。全面的に加筆修正することも検討したが，結局，基本的に内容には修正を加えず，補章として収録させて頂くことにした。

2016年3月

編著者　宮　野　　　勝

目　次

はしがき

第1章　「政治的関心」の測定
　　　　──ヴィネット基準点法（Anchoring Vignettes Method）
　　　　を用いて──

　　　　　　　　　　　　　　　　　　　　　宮野　勝

1．はじめに ……………………………………………………… 1
2．ヴィネット基準点法による測定 …………………………… 3
3．「政治的関心」の測定結果と分析 ………………………… 9
4．結論と考察 …………………………………………………… 18

第2章　有権者の政策空間の変容
　　　　──新自由主義の浸潤と安全保障政策の転換──

　　　　　　　　　　　　　　　　　　　　　三船　毅

1．はじめに ……………………………………………………… 25
2．自民党の政策空間と有権者の変化 ………………………… 27
3．グラフィカルモデリング …………………………………… 35
4．政策選好の分析 ……………………………………………… 41
5．おわりに ……………………………………………………… 62
補遺　グラフィカルモデリングの数学的基礎 ………………… 66

第3章　交換ネットワーク理論による政党間競争の分析
　　　　　　　　　　　　　　　　　　　　　三船　毅

1．はじめに ……………………………………………………… 81

2．政党間競争 …………………………………………………… 82
　　3．交換理論による政党間競争モデル ………………………… 90
　　4．交換ネットワーク …………………………………………… 103
　　5．おわりに ……………………………………………………… 112

第4章　1990年代中期の政党支持の変化と，世論調査データの比較可能性
　　　　── JES Ⅱ パネルデータを中心として ──
宮　野　　　勝

　　1．はじめに ……………………………………………………… 117
　　2．課　　題 ……………………………………………………… 118
　　3．90年代中期の政党支持態度の研究 ………………………… 119
　　4．デ　ー　タ …………………………………………………… 121
　　5．社会意識の時系列的研究の方法：特に，パネル調査の
　　　　attrition 問題について ……………………………………… 123
　　6．分　　析 ……………………………………………………… 125
　　7．結論と考察 …………………………………………………… 137

補　章　98年参院選の分析
　　　　──選挙結果データを中心に──
宮　野　　　勝

　　1．はじめに ……………………………………………………… 145
　　2．選挙前の世論の動き ………………………………………… 146
　　3．選挙結果データの分析：95年参院選・96年衆院選・
　　　　98年参院選の比例区の市区町村間比較 …………………… 150
　　4．事後面接調査の分析 ………………………………………… 161
　　5．結論と考察 …………………………………………………… 170

第 1 章
「政治的関心」の測定
―― ヴィネット基準点法（Anchoring Vignettes Method）を用いて――

宮野　勝

1．はじめに[1]

　本章の目的は，「政治的関心」の測定に，Anchoring Vignettes Method（「ヴィネット基準点法」と試訳した）を試用することにある[2]。

　ヴィネットとは，1人の人間についての何らかの情報を簡潔に描写したものである。調査では，異なった特性を持つ複数の仮想の人間を想定し，各仮想的人間の特性を描いたカードを回答者に提示して各仮想的人間について回答者の評価を求めたりする。（社会的公正観の比較研究でも用いられてきている。）アンカー（基準点）とは，判断に際して基準となる点のことである。Anchoring Vignettes Method（以下 AVM と略称する）は，ヴィネットをアンカーとして用いることで，測定の個人間比較を可能にしようとする方法である。AVM では，ヴィネットで描いた仮想的人間に対する評価を基準に，各回答者の自己評価を位置付けようとする。

　社会科学における重要な概念，たとえば「政治的関心」は，しばしば主観的な自己評価の質問で順序尺度を用いて測定されきた。しかし，よく知られているように，自己評価による測定値は，個人の回答特性（Response Style）に影響されがちである。回答の基準が個人間で異なり，比較が難しい。

　この問題を解決する一つの方法が AVM である。King et al.（2004）によれ

ば，AVMでは2つのタイプの質問を用いる。「自己評価」を求める直接的な質問と，「ヴィネットに記述された仮想的な人々（通常は5～7人）についての評価」を求める間接的な質問とである。直接質問も間接質問も同一の概念を測定するように企画することにより，各個人に特有のDIF（Differential Item Functioning＝質問項目の各自に対する異なった作用の仕方）を推定して補正することができ，個人間比較が可能になるという。

　本章では，「政治的関心」の測定に焦点を当てる[3]。第1に，AVMにより補正された「政治的関心」の測定値を得る。第2に，AVMで補正された測定値を用いて分析し，補正前の測定値と比べてどのような相違があるか検討する。

　AVMは，King et al.（2004）の提唱以降，国際的に様々な概念に適用が試みられてきているが，管見のかぎりでは「政治的関心」の測定に用いるのは本稿が初めてである。またAVMを日本の政治意識の研究に用いた例も未見である[4]。

　本章ではAVMを用いるにあたり，若干の工夫を試みている。第1に，ヴィネットを，なるべく簡単で短い文にした。これにより，ヴィネット質問を通常の質問紙調査の質問文として組み込むことができ，また全対象者に質問することが容易になる。第2に，ネット調査を用いた。このため，回答者は本調査で用いた「政治的関心」に関する5つのヴィネット質問と回答とを一画面で閲覧でき，その画面で回答を変更することも可能になっている。第3に，回答選択肢として7点法を用いた。これによりヴィネット間の差異を回答しやすくなること，また回答選択肢を増やすことで日本人回答者に多いとされるMRS（mid-point response style：中間的な回答を選びがちであるという回答特性）への対処になることを期待した[5]。

2．ヴィネット基準点法による測定

2-1 AVM

　King et al.（2004）は，ヴィネットを用いることで，各回答者の独自の DIF を取り除いて自己評価回答を補正する方法を提案した。かれらは，AVM を用いて，中国とメキシコの調査で，「健康度」と「政治的有効性感覚」とを測定した。そして，補正された新しい測定値の分布が元の測定値の分布よりも説得力があることを示した。

　近年，AVM は広く使われきている。とりわけ「健康」関連の領域では AVM は頻繁に使われてきているようであるが，健康以外の領域での研究も次々に現れ始めている。たとえば，世界 21 か国についての「良心（Conscientiousness）」の研究（Mottus et al., 2012），ヨーロッパ 14 か国についての「政党のイデオロギー位置（Party's Ideological Position）」の研究（Bakker et al., 2014）などがある。

　しかし，AVM の利用が増えるにつれ，AVM が DIF の一般的な解決法として有効か否かが論じられるようになってきている。AVM は適切な結果を生む場合もあるが，不適切な結果を生む場合もあるのではないかという議論であり，決着はついていない。

　いくつか例を挙げる。Soest et al.（2011）は，「飲酒行動」について調査し，AVM は主観的な測定を客観的な行動の測定に近づけるとしている。しかし，Vonkova & Hultegie（2011）は，「健康」についてのデータを分析し，AVM の結果はどのようなヴィネットを用いるかに敏感に反応してしまうという。あるいは Bago D'Uva et al.（2011）は，「認知機能」・「身体機能」を研究し，AVM が仮定している 2 つの仮定が成立たないのではないかと指摘している。

　これらの結果の違いの原因を明らかにするには，まずは AVM を用いた研究をより多く試みることが必要だと思われる。本章もその試みの 1 つである。

2-2 測　　定

2-2-1 政治的関心

　政治的関心は，日本の典型的な世論調査では，たとえば4つの回答選択肢（強い関心～全く無関心）を持つ1問の自己評価質問で調査されてきた[6]。

　しかし，政治的関心の測定は，回答者の回答スタイルに影響される可能性がある。同じ回答選択肢（たとえば「とても関心がある」）を選んだとしても，意味することは回答者ごとに異なっている可能性がある。また日本の回答者は中間的な回答を選びがちであるという回答特性（MRS = mid-point response style）を持つ傾向があると言われるが，個人によっても異なるであろう。

　そこで本研究では，多様な回答スタイルに対応するために，回答選択肢に7点尺度を使い，またAVMを適用する。

2-2-2 ヴィネット

　ヴィネットの質問を作るに際しては，Wand & Kingのソフトウェア "anchors" に添付されたAnchoring Vignettes FAQ（2009, 5）を参照しつつ，若干の工夫を試みた。

　政治的関心については，調査票の最初の質問Q1として自己評価質問を設定した。続いてQ2にメディア利用の質問を置き，Q3で政治的関心のヴィネット質問（5人の仮想的人間について，一人ずつ情報を簡潔に示し，各仮想的人間の政治的関心の程度をたずねる）を用意した。詳細は，付録の質問文を参照されたい。

　ヴィネットの仮想的人間については，回答者ごとに，提示の順番をランダムにしている。これにより，項目提示の順番の効果は，対象者全体に対しては消えることになる。前述したように，今回の調査では，ヴィネット質問はPCの画面上では1画面になるようにし，仮想的な5人分を同時に眺めつつ，回答を変更できるようにした。（ただしこの点は，回答者の利用する機器に依存せざるを得ない。）

　ヴィネットの作成にあたり，特に次のように試みた。

1　各ヴィネットの情報をできるだけ短くする

2 ヴィネット間の論理的順序を明白にする
3 回答選択肢は7点尺度をつかう
4 ヴィネットの仮想的人間に，リアルな名前は付けない

　第1に，各ヴィネットの文章をできる限り短くした。「短縮ヴィネット」とでも呼ぶべきかもしれない。政治的関心に関する情報としては，ヴィネット上に2つのタイプの情報のみを提示した。政治ニュースへのアクセス頻度と政治議論の頻度である。ヴィネット上の仮想的人間の政治的関心を推定するために，多くの回答者にとって，この2点の情報で十分ではないか，と仮定していることになる。

　本研究で使った情報量は，通常使われているヴィネット上の情報よりも少ないと思われる。このため，本研究ではヴィネットを質問紙の中に組み込むことが容易になった。そして全回答者に質問することも容易になった。これらの点は，「短縮ヴィネット」の利点である。

　第2に，ヴィネット間の論理的順序が回答者に明らかになるように作成を試みた。具体的には，付録の質問文に示したように，「アクセス頻度」と「議論の頻度」を基準とし，順序をつけられるようなヴィネットの作成を試みた。Anchoring Vignettes FAQ（2009, 4）では，「ほぼ等間隔」に用意できるとよいとされている。

　ヴィネット間に順序がついている場合，回答者が2つのヴィネットの仮想的人間の政治的関心を等しいと判定することはあり得ても，順序を逆に判定することは起こりにくい（つまり「弱順序」は保存される）と想定している。

　第3に，ヴィネットの回答選択肢に7点尺度を用いた。選択できる数値を多めにすることで，異なるヴィネットに対して，回答者が異なる数値を選びやすくした。これはまた，日本で多くみられるというMRSへの対策でもある。

　第4に，各ヴィネットの仮想的人間の名前を，Pさん，Qさん，……とした。実際に使われている名前を付けることは，特定の属性（たとえば性別）を含意する恐れがあるためである。この点も，Anchoring Vignettes FAQ（2009, 6）

で勧められていることの具体化の試みである。

なお，AVM による修正得点の計算には，Wand & King のソフトウェア "anchors"（Version 3.0-8, Build Date: 2014-02-24）を使用した[7]。

2-2-3 メディア利用と政治議論

ヴィネットとは別に，政治ニュースに関するメディア利用と政治議論との自己評価を問う質問を用意した。メディア利用は，Q2 の 3 つの小問で質問した。質問したメディアは，テレビ・新聞・インターネットである。回答選択肢は，「毎日利用する」から「まったく利用しない」の 7 つである。政治議論は，Q21 で，3 つの小問で質問した。家族・友人・職場の人のそれぞれに対して，回答選択肢は，「ほぼ毎日，話題にする」から「全く話題にしない」の 7 つである。

これらのそれぞれについて，単純に各 3 項目の値を加算して合成尺度を作り，それぞれ「メディア利用」尺度，「政治議論」尺度とした[8]。

2-3 データ

2-3-1 データ収集

データの収集は，調査会社に依頼し，2015 年 2 月 18 〜 21 日，インターネット調査で実施した。母集団は調査会社のモニターで，その中から年齢・性別・地域の 3 点で全国母集団の構成とほぼ等しい回答者が得られるように標本抽出することを依頼した。（ただし，年齢は，20 代から 60 代までとしている。）

結果的に，1493 の回答を得た。回収率は 11.1% である。表 1-1 に，年齢・性別の回答者数と，2015 年 3 月の国の人口統計（総務省）との比較を示した[9]。

女性の割合は，人口統計の 49.9% に対し，本調査の回答者は 52.4% とやや多めだった。また回答者の年齢は，20 代・30 代が少し多く，40 〜 60 代はやや少なめだった。

表 1-1：年齢・性別の調査回答者割合と，2015 年 3 月 1 日人口統計（総務省）との比較

	年齢	2015 年 2 月調査 ケース数	2015 年 2 月調査 %	2015 年 3 月統計 %
女性	20 代	162	10.9%	7.6%
	30 代	189	12.7%	9.6%
	40 代	149	10.0%	11.3%
	50 代	146	9.8%	9.6%
	60 代	136	9.1%	11.7%
男性	20 代	138	9.2%	8.0%
	30 代	161	10.8%	10.0%
	40 代	140	9.4%	11.6%
	50 代	113	7.6%	9.6%
	60 代	159	10.6%	11.1%
合計		1,493	100%	100%

人口統計の出典：人口推計 − 平成 27 年 8 月報 −
平成 27 年 8 月 20 日 総務省統計局
http://www.stat.go.jp/data/jinsui/pdf/201508.pdf
2015 年 9 月 9 日閲覧

表 1-2：ヴィネットの幅（範囲＝レンジ）と「とても弱い順序」

		「とても弱い順序」 No	「とても弱い順序」 Yes	合計
ヴィネットの幅（範囲＝レンジ）	0	0 / 0.0%	151 / 100%	151 / 100%
	1	44 / 67.7%	21 / 32.3%	65 / 100%
	2	43 / 48.9%	45 / 51.1%	88 / 100%
	3	44 / 37.6%	73 / 62.4%	117 / 100%
	4	33 / 15.4%	181 / 84.6%	214 / 100%
	5	20 / 6.1%	310 / 93.9%	330 / 100%
	6	26 / 4.9%	502 / 95.1%	528 / 100%
合計		210 / 14.1%	1283 / 85.9%	1493 / 100%

2-3-2 データ選択

　全回答 1493 のうち，政治的関心の分析には 1111 を用いることにした。試みに全回答 1493 ケース，選択後の 1111 ケース，さらに条件を厳しくして選択した 927 ケース，の 3 種類で分析してみたところ，いずれも類似した結果が出ていると判断した。特に断らない場合，本論文では 1111 ケースでの分析を紹介する。

　使用する 1111 ケースの選択に際しては，回答者の協力度・ヴィネット調査への理解度に関わる 2 つの基準を用いた。表 1-2 に，2 つの基準による分類を示した。

　第 1 の基準は，5 つのヴィネット質問への回答の範囲（レンジ）についてである。

　はっきりと異なると思われるヴィネットを用意し，回答選択肢も 7 つ用意したため，5 つのヴィネットに対する回答の幅（範囲＝レンジ）は，少なくとも 1 より大きいことを想定することにした。とりわけ，全回答のうち 151 ケースは，幅（範囲＝レンジ）ゼロ，つまりすべてのヴィネットに同一の番号を選んでおり，意図した協力は得られていないように思われた。

　第 2 の基準は，5 つのヴィネット質問への回答の「とても弱い順序」と呼んでおく。

　調査では，政治に対する，強い関心から強い無関心までの 5 段階の仮想的人間という形で，5 つのヴィネット間に順序を想定している。順序に沿って並べる時に，隣り合うヴィネット間での評価が等しいことは起こりうるが，評価が逆転することが論理的には起こりにくいように作成した。ヴィネットにおける表現は，表面妥当性（face validity）の観点からは十分に異なっていると思われ，順序を逆転するような解釈の余地は少ないと考えている。

　ただし，King et al.（2004）における仮定の 1 つにあるように，何らかの正規分布するような測定誤差がありうることを認めるときに，差異の小さな逆転評価は起こりうる。そこで，順序が逆転するように数値を選んだ場合でも，差異が小さい場合は誤差の範囲内と認めることを考えた。具体的には，回答選択

肢の7段階で，差異が1の逆転は，順序に関する仮定の範囲内の誤差と認める，というものである。これを許容した場合を，「弱順序」を1段階さらに弱めた拡張とみなして「とても弱い順序」と呼ぶことにする。

なお，非常に短い時間で回答しているケースでは，これらの2基準の少なくとも1つを満たさないことが生じやすいことが分かった。回答時間が最短の96名中，92名がこの2基準を満たしていなかった。短時間での回答者（少なくともその一部）は，質問を丁寧に読んでいない可能性もある。

2-4 予　　想

政治的関心は，AVMで補正すると，Q1の自己評価質問への回答それ自体よりも，より高い妥当性を持つのではないか，たとえばメディア利用などの他の外的変数とより高い相関があるのではないか，と予想した。

3．「政治的関心」の測定結果と分析

3-1 自己評価

分析に用いる1111ケースのうち，73.5%が「政治に関心がある」と回答した[10]。

参照のために，代表的な2つの調査を紹介しておく。2009年の初めに，明推協は，全国を代表する3000サンプルの郵送調査を実施している[11]。そこでは問4で4点尺度で政治的関心を質問し，80.1%が関心があるとした（明推協：2010, 83頁）。その図3-4では，高齢者ほど，男性ほど，政治関心が高いとしているが，この傾向は我々の調査と一致している（明推協：2010, 26頁）。

ISSPの日本2014年調査は問12で4点尺度で政治的関心を質問し，60.6%が関心があると回答している。またISSPの日本2004年調査では63.4%だったという。（小林：2015, 37）

われわれの結果は2つの調査の中間になるが，これらの調査とは，質問文・回答選択肢・調査方法・調査時期などに相違があり，直接的な比較はできな

い。

3-2 ヴィネット
3-2-1 5つのヴィネットの次元性

政治的関心の自己評価質問であるQ1（付録の問1）と，Q2メディア利用尺度・Q21政治的議論尺度との間の相関を調べた。（Q2・Q21も自己評価質問であるが，「頻度」の自己評価であり，政治的関心の外的基準変数となりうると考えた）。相関係数は，それぞれ，0.595と0.463だった。これら2尺度は，政治的関心の自己評価とは関連が高い。

本研究では，政治的関心のヴィネットを，メディア利用の頻度と政治議論の頻度とを基に構成している。自己評価レベルでのこれら2尺度と政治的関心との高い相関は，これら2つの頻度で構成した政治的関心ヴィネットの外的妥当性を示していると推測している。

3-2-2 5つのヴィネットの順序

表1-3に，5つのヴィネット質問（付録の問3）への回答の分布と平均値とを示した。それらはヴィネット間に，予想通りの強い順序を示している。5つのヴィネットに対する7点尺度の回答（1＝とても関心がある，2＝関心がある，3＝どちらかといえば関心がある，4＝どちらともいえない，5＝どちらかといえば関心はない，6＝関心はない，7＝全く関心はない）の平均値は，それぞれ，1.5，2.4，3.4，4.5，6.5であり，最も関心が低い最後のヴィネットを除いて等間隔に並んでいるようにみえる[12]。

次の表1-4は，ソフトウェア"anchors"の出力からの紹介である。ヴィネットを論理的な順序に沿って並べたときの，「行ヴィネットのケース数が列ヴィネットのケース数より小さい割合」を示している。

表の読み方を解説する。表1-4の右上三角部分の数値は，ヴィネット間で想定した通りの強い順序が成立しているケースの割合を表している。たとえば，1行2列目の0.77は，77％の回答者が「ヴィネット1の人はヴィネット2の人

表1-3：各ヴィネットの平均値と度数分布

	平均値	1 とても関心がある	2 関心がある	3 どちらかといえば関心がある	4 どちらともいえない	5 どちらかといえば関心はない	6 関心はない	7 全く関心はない	合計	ケース数
V1_1	1.5	62%	31%	6%	1%	0%	0%	0%	100%	1111
V1_2	2.4	7%	51%	35%	6%	1%	0%	0%	100%	1111
V1_3	3.4	0%	10%	55%	19%	13%	2%	0%	100%	1111
V1_4	4.5	0%	1%	20%	23%	38%	16%	2%	100%	1111
V1_5	6.5	0%	0%	0%	3%	8%	27%	62%	100%	1111

表1-4：あるヴィネット（行）が，他のヴィネット（列）より順序の数値が小さい割合

	<1	<2	<3	<4	<5
1		0.77	0.94	0.98	1
2	0.03		0.71	0.91	0.99
3	0	0.07		0.69	0.98
4	0	0	0.04		0.91
5	0	0	0	0	

より政治関心が高い」と回答したことを表している。隣接したヴィネットである1・2，2・3，3・4の間では，想定した強い順序の割合は69～77％だったが，それ以外ではすべて90％を越えている。

これに対し，左下三角部分の数値は，予想と逆の順序付けの割合を表す。たとえば2行1列目の0.03は，3％の回答者が「ヴィネット2の人はヴィネット1の人より政治関心が高い」と回答したことを表している。この中での最大値はヴィネット2と3の間の7％である。

2つのヴィネットに同じ数値を付けた割合は，「100％から，予想通りの順位の割合＋予想と逆の順位の割合」を引いた数値になる。この同じ数値＝「タイ」の最大値は，ヴィネット3と4のタイで，「100％－(69％＋4％)」＝27％である。

表1-5に，同じくソフトウェア"anchors"の出力から，「（相異なる順位づけ全

36 種類の中で）頻度の高い 10 パタンの順位づけ」を示す．（表 1-5 の 1 列目「順序付けパタン」において，左は関心が高く，右は関心が低い．{ } 内は同順位を表わす．）全 1111 ケースのうち，954 ケース（86％）が，この 10 の順位づけに，含まれている．「タイ（同順位）」を認めるなら，6 番目までの順位づけ 843 ケース（76％）はすべて，想定した論理的順序に反していない[13]。

表1-5：ヴィネットの順序付けパタン　度数が多い上位10種類（全36種類）

順序付けパタン	度数	相対度数	区別されている数	論理的な順序と矛盾
1,2,3,4,5	346	0.311	5	0
1,2,{3,4},5	156	0.140	4	0
1,{2,3},4,5	143	0.129	4	0
{1,2},3,4,5	92	0.083	4	0
{1,2},{3,4},5	62	0.056	3	0
1,{2,3,4},5	44	0.040	3	0
1,3,2,4,5	39	0.035	5	1
1,2,3,{4,5}	26	0.023	4	0
1,3,{2,4},5	25	0.023	4	1
1,2,4,3,5	21	0.019	5	1

3-2-3　5 つのヴィネットにおける散布度

データ選択で，5 つのヴィネットに対する回答（7 点法）の幅（範囲＝レンジ）が 1 以下のケースを省いている．このため，個々の 5 つのヴィネットに対する回答（7 点法）の標準偏差も，われわれが使う 1111 ケースにおいては，選択前の 1493 ケースのものより，小さくなっている．この点は，特に順序の端にあるヴィネット（1 と 5）で顕著である．たとえば，真ん中の順序のヴィネット 3 の標準偏差では，1.14（N=1493）が 0.95（N=1111）と差は小さいが，端の順序のヴィネット 1 では，1.43（N=1493）が 0.66（N=1111）と差が大きくなっている[14]。

3-3　ノンパラメトリックな AVM の適用による政治的関心の修正値

ソフトウェア "anchors" により，ノンパラメトリックな方法による政治的関

心の修正値を求められる．ソフトウェア"anchors"は，Bs，Be，B_MinEnt，Cs，Ce，C_MinEnt，という複数の数値を出力する．以下，これらの記号の意味と，AVMでノンパラメトリックに修正値を求める方法とを，筆者が理解している範囲で解説する．

　AVMを一言で述べると，各回答者の自己評価を，各回答者が各ヴィネットに与えた値の中に位置づける，という方法である．たとえば，7点尺度（1＝とても関心がある，……，7＝全く関心はない）で，1番目の回答者の自己評価が3だったとし，政治的関心が高いと想定した順番に並べた5つのヴィネットに，1・3・4・6・7という値を回答したとすると，この回答者の政治的関心の高さはヴィネット2と同等だと判定することになる．あるいは，2番目の回答者も自己評価が3だったとし，ただしヴィネットへの回答が，1・2・2・4・5だったとすると，この回答者の政治的関心の高さは，ヴィネット3とヴィネット4の間と推定することになる．

　ノンパラメトリックなAVMの修正値には，B系列とC系列とがある．修正値のB系列は，ヴィネットの1〜5のどれに相当するかという5段階で修正値を推定する．C系列は，ヴィネットの5段階のそれぞれの間と両端にも1段階ずつを用意して，1〜11の11段階で修正値を推定する．たとえば，先の1番目の回答者はヴィネット2と等しいため，B系列なら2になり，C系列なら4になる．2番目の回答者はヴィネット3と4の間であるため，B系列なら3以上4以下ということになり，C系列なら7となる．

　B系列もC系列も一意に決まるとは限らない．一意的に修正値を決められないケースについては，最小推定値と最大推定値が示される．2番目の回答者は，B系列では，最小推定値Bs＝3，最大推定値Be＝4となる．C系列は，ヴィネットの順番に「タイ」や逆転がなければ修正値が一意になるが，そうでない場合には一意に決まるとは限らない．たとえば，3番目の回答者の自己評価が3だったとし，ヴィネットへの回答が，3・3・3・3・6だったとすると，この回答者の政治的関心の高さは，ヴィネット1以上でヴィネット4以下と推定することになり，Cs＝2，Ce＝8となる．詳細は，King et al.（2004），およ

び，ソフトウェア "anchors" の付属文書を参照されたい。

さらに，B・C の両系列に MinEnt がある。これは，「エントロピー関数」を最小にする修正値で，「最も一様でないヒストグラム」生成するという (Wand, King, and Lau 2011, 7)。

このほかに，本稿独自の試みとして，B2 = Bs と Be の平均値，C2 = Cs と Ce の平均値を用意した。

本章では，おもに C 系列を用いる。本稿での分析の範囲では，他の変数との相関が，一般に C 系列の方が B 系列よりも少し高めなためである。C 系列は B 系列の 2 倍 + 1 の段階に写像することになるので，相関が薄まりにくいのではないかと推測している。

Q1 の自己評価回答が，どのような修正値に変換されるかは興味深い。表1-6 に，Q1 の自己評価回答とそのヴィネット修正値の 1 つである C_MinEnt とのクロス表を示す。

周辺度数をみると，修正後の C_MinEnt の数値で，最も多いのはヴィネッ

表1-6：政治的関心の，自己評価 Q1 と C_MinEnt（AVM による修正値の1つ）とのクロス表

		C_MinEnt										合計
		1	2	3	4	5	6	7	8	9	10	11	
Q1	1	38	76	0	12	0	1	0	0	0	0	0	127
		29.9%	59.8%	0.0%	9.4%	0.0%	.8%	0.0%	0.0%	0.0%	0.0%	0.0%	100.0%
	2	15	49	32	134	9	37	1	0	0	0	0	277
		5.4%	17.7%	11.6%	48.4%	3.2%	13.4%	.4%	0.0%	0.0%	0.0%	0.0%	100.0%
	3	0	5	5	66	38	272	9	13	5	0	0	413
		0.0%	1.2%	1.2%	16.0%	9.2%	65.9%	2.2%	3.1%	1.2%	0.0%	0.0%	100.0%
	4	0	0	0	1	9	45	23	13	12	0	0	103
		0.0%	0.0%	0.0%	1.0%	8.7%	43.7%	22.3%	12.6%	11.7%	0.0%	0.0%	100.0%
	5	0	0	0	0	0	30	13	45	39	5	2	134
		0.0%	0.0%	0.0%	0.0%	0.0%	22.4%	9.7%	33.6%	29.1%	3.7%	1.5%	100.0%
	6	0	0	0	0	0	1	0	9	16	7	2	35
		0.0%	0.0%	0.0%	0.0%	0.0%	2.9%	0.0%	25.7%	45.7%	20.0%	5.7%	100.0%
	7	0	0	0	0	0	0	0	2	0	16	4	22
		0.0%	0.0%	0.0%	0.0%	0.0%	0.0%	0.0%	9.1%	0.0%	72.7%	18.2%	100.0%
合計		53	130	37	213	56	386	46	82	72	28	8	1111
		4.8%	11.7%	3.3%	19.2%	5.0%	34.7%	4.1%	7.4%	6.5%	2.5%	.7%	100.0%

ト3相当（=6）で34.7％，次に多いのがヴィネット2相当（=4）の19.2％，3番目がヴィネット1相当（=2）の11.7％である。さらに，ヴィネット1よりも政治関心が高いことになる回答者（=1）が4.8％いる。

次に，政治的関心の自己評価と，そのAVMによる各種の修正値との間の相関行列を，表1-7に示す。政治的関心の修正指標の間で，Q1の自己評価と最も相関が高かったのは，C2で，0.868だった。AVMによる修正指標相互の間では一般に相関が高い。B2とC2，BsとCs，BeとCe，などの同種の指標間の相関を除くと，最大の相関は，C2とC_MinEntの0.971だった。

表1-7：政治的関心の自己評価・各種のAVM修正値・メディア利用尺度・政治議論尺度の相関行列

	Q1	Ce	Cs	Be	Bs	C2	B2	C_MinEnt	B_MinEnt	メディア利用尺度	政治議論尺度
Q1	1										
Ce	0.825	1									
Cs	0.852	0.867	1								
Be	0.792	0.984	0.830	1							
Bs	0.840	0.841	0.984	0.778	1						
C2	0.868	0.967	0.966	0.939	0.944	1					
B2	0.866	0.967	0.963	0.942	0.944	0.999	1				
C_MinEnt	0.849	0.961	0.916	0.939	0.897	0.971	0.974	1			
B_MinEnt	0.807	0.871	0.879	0.843	0.868	0.906	0.908	0.937	1		
メディア利用尺度	0.595	0.509	0.533	0.482	0.533	0.539	0.539	0.530	0.512	1	
政治議論尺度	0.463	0.378	0.404	0.360	0.399	0.404	0.402	0.397	0.408	0.504	1

3-4　AVMによる相関の変化

政治的関心のAVMによる修正値と他の変数との相関について検討する。一般的には，測定値に測定誤差が含まれると相関の希薄化が生じる。AVMによる修正値は，測定誤差を減らすのではないかと予測し，すると政治的関心と他の変数との相関を高めるのではないかと予測したが，実際にはどうだろうか。相関はより詳細な分析の基礎になるため，検討に値する。なお，ここでは主としてC_MinEntに注目する。

外的基準妥当性を検討するために，政治的関心と先述した「メディア利用」

尺度と「政治議論」尺度との相関を検討した。「メディア利用」尺度はQ2のメディア利用についての3問への回答の合計である。これらは,「毎日利用する」・「週に3～6回利用する」などの客観的な頻度で測ろうとしている点では「客観的指標」である。これらも自己評価である（その点では「主観的」）が, 客観的頻度で行動を質問しているので, 政治的関心の自己評価よりもAVM修正値の方が相関が高くても不思議ではない。実際, アルコール摂取行動について, 同様の自己評価による「客観的指標」がAVM修正値との方でより相関が高かったという報告例がある（Soest et al., 2011）。

しかし政治的関心については, われわれの予想と異なる結果になった。表7に示したように,「メディア利用」尺度とQ1の政治的関心の自己評価との相関は0.595で,「メディア利用」尺度と政治的関心のいずれのAVM修正値との相関（C2は0.539, C_MinEntは0.530）よりも高かった。「政治議論」尺度についても同様だった。

この結果については, まだ十分には説明できない。（1つの可能性として, King et al.（2004）におけるAVMの第1仮定の破れの可能性を考えている。）ただし我々の調査票では, Q8_1に, ISSPの政治的有効性感覚の質問の1つを含めてあった（小林 2015, 36, 第9問C「日本が直面している重要な政治的課題を, 私はかなりよく理解していると思う」。ただし, ISSPでは回答選択肢は5値だが, われわれの調査票では7値である）。この質問への回答を用いて対象者を3グループに分けると, メディア利用と政治的関心との相関のあり方は変化した。政治的有効性感覚で分けて, 高いグループ（N=437）では, メディア利用との相関は, Q1は0.304で, C_MinEntは0.343で, AVM修正値の方が高かった。中くらいのグループ（N=276）では, 両者とも0.306と等しかった。低いグループ（N=398）では, Q1は0.576, C_MinEntは0.450とQ1の自己評価の方が高かった。これらを含め, 今後のさらなる検討が必要である[15]。

3-5 若者の政治的関心

年齢と政治的関心の相関についても調べた。表1-8で, 政治的関心の2つの

指標と，年齢（5値）・性別（2値）・学歴（5値）との相関係数を示した。

年齢と政治的関心との相関は，Q1の自己評価では−0.214だったが，AVM修正値のC_MinEntでは−0.254で，修正値の方が絶対値は大きかった。これは，自己評価質問で推測する以上に，政治的関心の年代差があることを推測させる。若者の政治的関心は，通常の自己評価質問で推測される以上に，高齢者より低いのであろうか[16]。

表1-8：政治関心（Q1とC_MinEnt）と性別・年齢・学歴の相関行列

N = 1111	Q01	C_MinEnt	sex	age	education
Q01	1				
C_MinEnt	.849**	1			
sex	.244**	.260**	1		
age	−.214**	−.254**	−.036	1	
education	−.080**	−.075*	−.232**	−.235**	1

日本では，若者の低い投票率が問題視されてきている。たとえば2012年衆院選で，20代の投票率の推定値は38％で，60代は75％である（明推協HP）。政治参加と政治的関心とが一致する度合いは明らかではないが，相関は高いと推測される。

もっとも，日本の若者の政治的関心はそれほど低くないのではないかという調査もある。日本政府は7か国で「若者の態度の国際調査2013」を実施している。それによると，日本の若者の政治的関心は，第6位で，フランスとスウェーデンの間である（内閣府）。ただし，これらの研究は自己評価質問を用いている。元来，AVMは国際比較のために考案されており，AVMを用いることで，これらの議論は変わる可能性がある。

4. 結論と考察

　本章の目的は,「政治的関心」の測定に, Anchoring Vignettes Method (「ヴィネット基準点法」と試訳した) を試用することにあった。筆者の探索の範囲では, AVM を「政治的関心」の測定に用いるのは, 本稿が初めての試みであると思われた。AVM を日本の政治意識の研究に用いた先行例も未見である。

　本章では AVM を用いるにあたり, 若干の工夫を試みた。大きな点としては, 第1に, ヴィネットを簡単で短い文にし, 通常の質問紙調査の質問として組み込み, 全対象者に質問しやすくした。第2に, ネット調査であり, 回答者が全ヴィネットを画面で一覧して回答を変更できるようにした。第3に, 回答選択肢として7点法を用いることで, ヴィネット間の差異を回答しやすくし, また日本人回答者に多いとされる MRS への対応をはかった。

　AVM を用いて政治的関心の修正値を求め, 政治的関心と「メディア利用」尺度・「政治議論」尺度との相関がどのように変わるか調べた。自己評価を AVM で修正することで, 相関の希薄化を修正して相関が上昇するという予想と異なり, 相関係数の値は若干ながら低めに出た。しかし, 政治的有効性感覚でコントロールすると, 政治的有効性感覚の高低で結論が変わるなど, 複雑な様相を示した。これらの原因の解明は, 今後の課題である。

　また, 政治的関心と年齢との相関は, 自己評価よりも AVM 修正値のほうが絶対値が少し大きかった。もしこの関係が確証されれば, 政治的関心の年齢差は, 通常の自己評価質問よりも大きいことになる。

　1) 本章は, 基本的には, 英語論文である宮野 (2015) の「翻訳」である。ただし日本では AVM はなじみがうすいと思われ, また日本語と英語の違いも考慮し, 原文に対して削ったり増やしたり, 順序を入れ替えたり, 解説し直したりしている。このため「翻案」に近づいている。
　2) 本章は AVM を用いた政治的関心研究の第1報であり, 基本的な結果のみを示している。

3) 「政治的関心」は，政治・社会の研究において重要な変数であり，さまざまな調査に使われてきている。たとえば，継続的なクロスセクション調査であるISSP調査（たとえば小林 2015）や明推協調査（たとえば明推協 2010）は，「政治的関心」を測定している。
4) われわれが見出した日本でのAVM適用例は，ケース数107の学生調査のみであった（Mottus et al. 2012.）。
5) たとえば，Smith (2004, 440) は，"Asians, in general, and the Japanese in particular, avoid extreme categories." としている。
6) たとえば，1970年代から継続されている明推協の国政選挙後調査では，政治的関心についての回答選択肢は4点尺度だった。
7) 本章では，ノンパラメトリックなAVM修正値のみを扱う。
8) 尺度化には工夫の余地がある。クロンバックのαは，政治議論尺度は.788（N＝714）だったが，メディア利用尺度は.554（N＝1111）と低かった。メディア利用尺度は，テレビ・新聞の利用頻度とネットニュースの利用頻度との間の相関が低いためである。代替性の問題であると解釈し，今回は単純な合計で尺度値とした。
9) 英文版では，総務省の人口統計として2013年10月の統計を利用したが，2015年2月調査に近い確定値が公表されたため，差し替えた。
10) 全1493データでは，70.0％だった。
11) 彼らは，2種類の3000サンプル調査を平行して同時に実施している。1点は若者を対象とする調査で，1点は有権者全体を対象とする調査である（明推協 2010：4-5頁）。
12) 全1493データにおける平均値は，2.0，2.8，3.5，4.4，6.0だった。こちらも，ほぼ等間隔ではある。
13) 7番目・9番目は，ヴィネット2と3の順位が逆転し，10番目はヴィネット3と4の順位が逆転している。ヴィネットの2と3，3と4については，仮想的人間の特性を描写するときの差異化に工夫の余地があることを示しているのであろう。
14) データ選択の目的は，データの質を揃えることにあった。5つのヴィネットに対する回答（7点法）の幅（範囲＝レンジ）が小さい，つまり5つのヴィネットをほとんど差異化しない回答の場合，回答者（少なくともその一部）は質問文を注意深く読んでいない可能性もあると考えた。仮にこの想定が妥当するのであれば，ヴィネット質問は，調査に対する協力度を推測する一方法になるかもしれない。ヴィネット質問は回答に時間がかかるため，回答に多くの時間を使いたくない被調査者には重いのかもしれない。
15) Q1の自己評価質問が7段階であるのに対し，B系列の修正値は5段階，C系列でも11段階にすぎない。この点が，相関係数に影響しているのかもしれない。ヴィネットを増やせば，B系列もC系列も値の段階が増えていく。たとえば，ヴィネットを7つにすれば，Bは7段階，Cは15段階になる。あるいは，ヴィ

ネットに表示する情報を，より明確な内容にする方法があるかもしれない。ま
た，本章で「メディア利用」尺度と「政治的議論」尺度も，尺度としては，検討
不足である。
16) 年齢・性別との相関係数の絶対値については，「メディア利用」・「政治的議論」
との相関とは異なった結果になった。今後の検討課題である。

参 考 文 献

1. 明推協（財団法人 明るい選挙推進協会）(2010)「若い有権者の意識調査（第3回）─調査結果の概要─」明るい選挙推進協会。
   http://www.akaruisenkyo.or.jp/wp/wp-content/uploads/2011/01/wakamono.pdf#search='%E6%98%8E%E3%82%8B%E3%81%84%E9%81%B8%E6%8C%99%E6%8E%A8%E9%80%B2%E5%8D%94%E4%BC%9A+%E8%AA%BF%E6%9F%BB+09%E5%B9%B4'
2. 明推協 HP　衆議院議員総選挙年代別投票率の推移。
   http://www.akaruisenkyo.or.jp/070various/071syugi/693/
   2015年3月20日閲覧。
3. Anchoring Vignettes FAQ see FAQ "anchors" see Wand, Jonathan and Gary King.
4. Bago D'Uva et al. (2011) "Slipping Anchor?: Testing the Vignettes Approach to Identification and Correction of Reporting Heterogeneity." The Journal of Human Resources 46, no.4: 875–906.
5. Bakker et al. (2014) "The European Common Space: Extending the Use of Anchoring Vignettes." The Journal of Politics 76, no.4 (Oct): 1089–1101.
6. 内閣府（2014）「平成25年度 我が国と諸外国の若者の意識に関する調査」
   http://www8.cao.go.jp/youth/kenkyu/thinking/h25/pdf_index.html
   2015年3月20日閲覧。
7. FAQ (Anchoring Vignettes FAQ) accessed March 10, 2015.
   http://gking.harvard.edu/files/gking/files/vfaq.pdf
8. Hopkins, Daniel J. and Gary King (2010) "Improving Anchoring Vignettes: Designing Surveys to Correct Interpersonal Incomparability." Public Opinion Quarterly.
9. King et al. (2004) "Enhancing the Validity and Cross-Cultural Comparability of Measurement in Survey Research." American Political Science Review 98, no.1 (Feb): 191–207.
10. King, Gary and Jonathan Wand (2006) "Comparing Incomparable Survey Responses: Evaluating and Selecting Anchoring Vignettes." Political Analysis
11. 小林利行（2015）「低下する日本人の政治的・社会的活動意欲とその背景〜

ISSP 国際比較調査「市民意識」・日本の結果から〜」放送研究と調査 2015 年 1 月号 22 – 41。
12. Miyano Masaru (2015) "Meauring Political Interest by Using Anchoring Vignettes." The Annual Bulletin of the Institute of Soical Sciences Chuo University 19:33 – 45.
13. Mottus et al. (2012) "Comparability of Self-Reported Conscientiousness across 21 Countries." European Jouranl of Personality, 26, 303 – 317.
14. Smith, T. W. (2004) "Developing and Evaluating Cross-national Survey Instruments." In *Methods for Testing and Evaluating Survey Questionnaires*, edited by Presser et al., 431 – 452.
15. 総務省統計局 (2015)「人口推計　平成 27 年 3 月 1 日現在（確定値）」。http://www.stat.go.jp/data/jinsui/pdf/201508.pdf 2015 年 9 月 9 日閲覧。
16. Van Soest et al. (2011) "Validating the Use of anchoring Vignettes for the Correction of Response Scale Differences in Subjective Questions." Journal of the Royal Statistical Society A 174, Part3: 575 – 595.
17. Vonkova Hana and Patrick Hultegie (2011) "Is the Anchoring Vignette Method Sensitive to the Domain and Choice of the Vignette?" Journal of the Royal Statistical Society A 174, Part3: 597 – 620.
18. Wand, Jonathan (2013) "Credible Comparisons Using Interpersonally Incomparable Data: Nonparametric Scales with Anchoring Vignettes." American Journal of Political Science 57, no.1 (Jan) : 249 – 262.
19. Wand, Jonathan, Gary King, and Olivia Lau (2011) "Anchors: Software for Anchoring Vignette Data." Journal of Statistical Software 42, no.3: 1 – 25.
20. Wand, Jonathan and Gary King. "anchors" (Version 3.0-8, Build Date: 2014-02-24).

付録：政治的関心の質問文（自己評価とヴィネット）

問1　あなたはふだん，政治にどのくらい関心がありますか。1つだけ選んでください。
1　とても関心がある
2　関心がある
3　どちらかといえば関心がある
4　どちらともいえない
5　どちらかといえば関心はない
6　関心はない
7　全く関心はない

問3　次の人は，それぞれどのくらい政治に関心があると思いますか。それぞれの人について，1～7から1つだけ選んでください。

	1 とても関心がある	2 関心がある	3 どちらかといえば関心がある	4 どちらともいえない	5 どちらかといえば関心はない	6 関心はない	7 全く関心はない
【Pさん】重要な話題がある時は政治のニュースや記事を見るが，いつもは見ない。人と政治について話すことはある。							
【Qさん】選挙の時だけは政治のニュースを見るが，いつもは見ない。人と政治について話したりはしない。							
【Rさん】政治や政策について，毎日かならず新聞を読み，テレビのニュースを見，ネットニュースを眺め，家族や友人とも話をする。							
【Sさん】毎日なんらかの形で政治のニュースは見る。政治について家族や友人と話すことも少なくはない。							
【Tさん】政治のニュースは全く見ない。人と政治について話すこともない。							

（ヴィネットの提示順は，回答者ごとにランダムに並べ替えた。想定したヴィネットの政治関心の程度は，高い方から順に，Rさん，Sさん，Pさん，Qさん，Tさんである。）

* 本章は，『中央大学社会科学研究所年報』第 19 号（中央大学社会科学研究所，2015 年）収載 "Measuring Political Interest Using Anchoring Vignettes: Empirical Evidence from Japan" を日本語に翻訳し，修正を施したものである。

第 2 章
有権者の政策空間の変容
――新自由主義の浸潤と安全保障政策の転換――

三 船 毅

1. はじめに

　自民党政権は60年安保闘争を契機として，党是でもあった憲法改正，自主憲法制定，再軍備を封印した。1960年の池田政権以降では，日米安保体制と高度経済成長のなかで経済優先の政策を1970年代まで展開してきた。だが，その後に幾度となく改革の波が押し寄せてきた。1980年代には，第2次臨時行政調査会を中心として行政改革が断行された。1990年代には，多くの金権スキャンダルを近因として政治改革が叫ばれた。そして，2000年代には小泉政権による構造改革が推進された。これらの改革では，高度経済成長の余韻が残っていた1970年代と大きく改革を転換し，従来とは異なる政策路線が導入されたのである。このような改革を推進する中心的イデオロギーが新自由主義であった。1980年代には「小さな政府」が叫ばれ，新自由主義の考え方が社会に流布され，1980年代半ばには既定路線として定着した。2000年代には小泉構造改革の過程で，多くの政策領域において新自由主義的改革が断行された。このような新自由主義的改革は，1980年代においては行政のスリム化と無駄遣い削減を掲げて，肥大化した政府規模を適正化するために「小さな政府」を主張してきたのである。このような主張に対して，多くの有権者もその必要性を理解していた。しかし，1990年代のバブル経済崩壊を挟み，2000年代の

小泉構造改革で新自由主義的改革は多くの政策領域で規制緩和を行い，社会の様々な分野で競争原理の導入となった。その結果として，格差社会の到来が論じられるようになった。第2次安倍政権も経済政策としての「3本の矢」において，社会・経済政策の多岐に亘る領域で小泉政権の路線を踏襲している。その結果，社会・経済政策は55年体制下とは大きく変化してきたのである。一方，55年体制下から近年までは，有権者の大多数は憲法改正や軍備拡張には批判的であったと考えられる。だが，第2次安倍政権は，これまで封印されてきた安全保障政策の転換をも視野に入れて，その準備を進めている。したがって，自民党の政策空間は大きく変化してきていると考えられる。

　このような状況にあって，有権者は2014年総選挙で自民党を大勝させた。これまでの政策空間を大きく変化させた自民党に対して，有権者はなぜ投票したのであろうか。自民党の政策空間の変容に対して，有権者は如何なる政策空間を有していたのであろうか。本稿の問題意識はここにある。多くの有権者は，社会福祉削減には反対するであろうけれども，小さな政府など新自由主義的政策への理解は深めつつあると考えられる。2009年からの民主党政権は，領土問題や東日本大震災，福島第1原発事故への対応不備から，有権者の期待に応えられなかった。新自由主義の帰結としての格差社会が続くなかで，民主党政権下でも社会的不満は増加した。その閉塞感が第2次安倍政権を受け入れる土壌となっていたとしても理論的にはおかしくない。有権者が社会福祉拡充を究極的に追求する社会主義的態度は，ハイエク（Hayek, 1944）に言わせれば全体主義と同等である。そして，イデオロギーの対立軸を替えてアイゼンク（Eysenck, 1954）の考えからみれば，保守主義の究極も全体主義である。保守主義者は敵対者から保守すべき現状や伝統を持つ（蒲島・竹中，2012, 43頁）が故に軍備拡張を目指すのである。

　政策空間を分析する方法として，これまでは政党，候補者，有権者の政策選好の確率変数を因子分析で集約して，政策空間を析出する方法が用いられてきた。しかし，因子分析は政策空間の構造を大きな次元として析出できるが，個々の確率変数の関連までを明らかにすることは困難である。本章の関心は，

自民党の政策空間の変容に対して，有権者の政策選好からなる政策空間がどのように変化したのかを明らかにすることである。第2次安倍政権は大きな政策転換を行った。しかし，「大きな転換」ではあるが，実態としては，安全保障政策における「集団的自衛権行使容認」などの個別具体的政策項目の転換である。したがって，政策空間の細部を詳細に検討する必要がある。そこで，本章ではグラフィカルモデリングという手法を用いる。自民党の政策空間に対して有権者は如何なる政策選好の構造（＝政策空間）作り出していたのかを，1980年代，1990年代および2014年総選挙における調査データからグラフィカルモデリングにより構造をグラフとして析出する。さらにグラフの解釈から，(1)新自由主義は有権者にどのように受容され，いかなる政策空間の構造を形成してきたのか。(2) 2014年総選挙で自民党に投票した有権者の政策空間は，新自由主義的政策がもたらした社会的不満を吸収する構造であったのか否かを明らかにする。

2．自民党の政策空間と有権者の変化

2-1 政策空間を分析する視座

　選挙は政党・候補者による有権者の投票を巡る競争である。政党・候補者が主張し，有権者が選好する複数の政策から構成される空間を政策空間という。この空間という言葉は，各政党・候補者の政策位置を何らかのスペクトラムに沿ってユークリッド空間に配置し，選挙競争を分析することに由来する。政策空間の考えは，ホテリング（Hotelling, 1929）を嚆矢として，ダウンズ（Downs, 1957）とブラック（Black, 1958）により理論化されてきた。

　ダウンズは，政党・候補者が主張する複数の政策を有権者は総合的に捉えて1つのパッケージとして観ると仮定し，1次元の政策空間を想定した。彼は，1次元の政策空間，つまり保守・リベラルなどのスペクトラムで表わされる1次元の軸上に政党・候補者を政策選好に基づいて配置し，さらに有権者の政策選好分布を重ねることにより，政党・候補者の合理的な政策位置を理論化した。

ダウンズの1次元の政策空間を多次元へと拡張する試みは，ヒニチ，レッドヤード，オードシュック（Hinich, Ledyard and Ordeshook, 1973）などを始めとする多くの研究者により行われてきた。その後，エネロウとヒニチ（Enelow and Hinich, 1984, 1990）により精緻な理論化が行われ，様々な政党制，選挙制度に対応したモデルが考案されてきた。これらの研究は選挙の空間理論と称され，理論的精緻化と主体の非合理的要素などの不確実性を組み込んだモデルの構築が進められてきた。空間理論は，さらに政党・候補者が1次元もしくは多次元の政策空間を作り出し，有権者がそれに応答するという形で理論化され，実証研究も進められてきている。特に理論的精緻化と実証分析の融合のなかで，統計学的蓋然性を排除して数学的論理性を備えた形で解釈できる分析枠組みを構築したのが，スコフィールドとセネッド（Schofield and Sened, 2006）であり，政党・候補者と有権者の政策選好による政策空間をデータから構成し，離散凸解析の手法を用いて6ヵ国を分析している。

　政策空間の実証的な先行研究は，政党・候補者の政策選好や有権者の政策選好のデータを因子分析を用いて集約し，政策空間を析出して，各主体の相対的位置を明らかにし，選挙競争を分析するものである。しかし，因子分析は空間という大きな枠組みを作り出すが故に，各政党・候補者，有権者が個々の政策項目を如何に関連させて構造化しているのかを理解することはできない。自民党政権は，1980年代から新自由主義的政策課題を政策空間に組み込み，新たな政策空間を作り出してきた。1990年代の政党の離合集散は，政策空間に漸次質的変化をもたらした。2000年以降の新自由主義的政策課題は，1980年代の「小さな政府」志向よりも踏み込んだ形で，規制緩和，市場原理，競争社会という経済的効率性重視を中核とするように変化してきた。第2次安倍政権は，そのような変化の過程で，特に安全保障政策の変化をも大きく唱えている。よって，この数少ない政策項目に対する有権者の政策選好の変化が有権者の政策空間全体に及ぼす影響をみる必要があり，そのためにグラフィカルモデリングの方法を用いる必要がある。

　本章の課題は，これまでに自民党政権が新自由主義を基調とした政策空間を

作り出し，それが結果として社会的不満を増加させ，2014年総選挙では多く有権者の政策空間は，その不満を超保守的な第2次安倍政権の主張に投影した政策選好の構造（＝政策空間）であったことを検証することである。よって，因子分析で政策空間を作り出して分析してみても，その構造は大きな枠組みでしかない。第2次安倍政権が行おうとしている政策空間の変容，特に憲法改正や安全保障政策は，1955年から歴代のいくつかの政権で繰り返し主張されてきたことであるが，それは50年以上封印されてきた。しかし，国会での安全保障法制の上程などをみる限り，多くの有権者にとって改憲，再軍備の問題は急速に現実味を帯びてきている。日本人の多くは1980年代の「脱イデオロギー＝保守化」，1990年代の「イデオロギーの溶融」の状態を経て，2000年代には「中道化」してきたが，未だに保革イデオロギーが日本人の政策選好の基底として存在している（蒲島，竹中，2012）。しかし，2014年総選挙における有権者の政策空間の在り方は，単純に保守・革新の対立軸だけから捉えることができるのであろうか。

　領土問題を契機として，一部の日本人は右傾化しているとも言われている。それに呼応するかのように，第2次安倍政権による急激な政策空間の変容は，日本人のイデオロギーの基底にある保革イデオロギーにどのような作用をして，有権者の政策空間に影響を及ぼしたのであろうか。有権者の政策選好の微細な変化が政策空間に如何なる変化を及ぼしたのかを検証することは，空間理論の新たな領域開拓と現代日本政治分析の両面で意義があると考えられる。

2-2　自民党の政策空間：第2次安倍政権までの過程

　第2次安倍政権で最も特徴的な政策方針は，安全保障政策の転換と憲法改正である。しかし，戦後直後の一時期を除けば，保守政治のなかでもそれらは封印されてきたのであった。

　戦後数年間，保守政党は離合集散を繰り返し歩んできたが，第3次吉田内閣は朝鮮戦争を契機として再軍備を進めることとなった。第5次吉田政権は造船疑獄事件に揺れ総辞職し，1954年に第1次鳩山内閣が発足する。鳩山内閣は

1955年総選挙の争点を再軍備と明確に位置づけ，憲法第9条を改正して軍隊を持つことを主張した。鳩山内閣は，日ソ国交回復と国連加盟を成し遂げた。だが，鳩山内閣は1955年総選挙で社会党左右両派が議席の3分1以上を占めたために，改憲の発議すらできない状況にあった。1957年2月25日には鳩山の流れをくむ岸内閣が発足する。岸内閣における1958年総選挙から1960年総選挙までは，日米安全保障条約改定を巡る保守・革新イデオロギーが正面から対峙した時代でもある。岸は戦後の公職追放が解かれてから，「日本再建連盟」を創設し，占領軍の下で作られた諸制度を「正す」ことを政治的使命としてきたのである（石川，2004，85頁）。しかし，岸内閣は日米安全保障条約改定での衆議院での強行採決と，その後の自然承認を経て6月30日に総辞職し，イデオロギーの全面的対立は終焉を迎えたのである。この後に発足した，池田内閣は高度経済成長を背景として所得倍増計画を国民の前に出し，イデオロギーによる国民統合から経済成長による国民統合へと，自民党の政策を大きく転換させることとなる。池田内閣以降の佐藤内閣，田中内閣では少なくとも国民の前面には強いイデオロギーを出すことはなく，新全総，列島改造論などイデオロギー色を無くした戦後政治を展開していく。1982年に発足した中曽根内閣は，そのような自民党政権の中にあっては異色であった。彼は米英と並び新自由主義的改革を断行し，三公社民営化を成し遂げた。さらに，戦後政治の総決算を謳い，「憲法改正」をもその視野に入れていたが，結果としてはそこまでは辿り着けなかった。1989年以降，日本政治は冷戦終結とともに55年体制としての自民党政治が崩壊し始める。この崩壊は1993年に成立する非自民連立政権と政治改革とともに始まった。この一連の政治改革における主役は，小沢一郎と小泉純一郎である。小沢による政治改革は，イデオロギー的には無色であった。しかし，小泉首相は歴史認識や靖国参拝など国家主義的イデオロギーの色彩を見せたが，必要以上に改憲を声高にしなかった。だが，2005年に自民党は憲法改正第1次素案を作成し，その準備が進められてきた。2006年9月26日に発足した第1次安倍内閣は，「美しい国　日本」というスローガンを掲げ，「戦後レジームからの脱却」を主張し，「憲法改正」「教育再生」「集団的自衛権」

の実現を主張したのである（御厨，2009，89頁。佐道，2012，175頁）。その後，民主党に政権交代した時期を挟んで，第2次安倍内閣が発足する。第2次安倍内閣発足前の2012年4月27日に自民党は「日本国憲法改正草案」を発表した。第2次安倍内閣は多方面で規制緩和を順次進め，小泉内閣から続く競争社会化が日本を浸潤している。2014年12月24日に発足した第3次安倍内閣では，憲法96条改正を主張し「安全保障法制」の制定を目指していた。このように戦後の自民党による安全保障政策が大きく転換した中で，2014年総選挙における有権者の政策空間は如何なる構造であったのであろうか。次項以下では2014年の有権者の政策空間を中心に据えつつ，それまでの経時変化を捉えるために1983年と1993年のデータも用いて，有権者の政策空間の大枠を捉える。

2-3 有権者の政策空間：1983年

まず，1980年代の有権者の政策空間の全体的枠組みから検討する。1980年代，特に中曽根内閣では第2次臨時行政調査会による行政改革が断行され，一般有権者にも新自由主義が「小さな政府」を志向する政治的態度として認知されてきた時代である。さらに，60年安保闘争の経験から改憲を封印してきた自民党において，唯一改憲を論じたのも中曽根首相である。では，1983年に行われた社会調査のJESデータから有権者の政策空間を因子分析で析出する[1]。有権者の政策選好態度に関する6つの変数を用いて因子分析（主因子法，プロマックス回転）を行い，有権者の政策空間を析出した。表2-1が分析結果であり，パタン行列である[2]。

因子負荷量から判断すると，第1因子は参加・福祉，第2因子は安全保障と名付けることができる。JESデータによる政策空間の詳細な分析は，蒲島・竹中（1996）により行われている。彼らは政策選好を表す13の変数を用いて因子分析を行い，4つの因子を析出している。このときの第1因子は安全保障，第2因子は参加・福祉，第3因子は外交・公務員ストライキなどから構成されるが解釈困難とされており，第4因子は新保守主義である。本章では，後に分析する2014年のデータと変数を極力揃えるために，これらの中から6つの変

表 2-1：有権者の政策空間：1983 年 JES データ

変数	参加・福祉	安全保障	データの度数分布（%）
X_4(政治腐敗防止)	.807	-.045	(1)0.7　(2)1.0　(3)39.1　(4)11.5　(5)47.7
X_7(労働者発言強化)	.779	-.008	(1)1.1　(2)1.5　(3)53.2　(4)16.9　(5)27.3
X_1(社会福祉充実)	.746	.029	(1)1.7　(2)3.8　(3)43.3　(4)17.1　(5)34.1
X_3(小さな政府)	.324	.319	(1)6.3　(2)5.8　(3)68.0　(4)8.6　(5)11.3
X_6(日米安保強化)	.128	.854	(1)7.8　(2)6.6　(3)67.5　(4)10.2　(5)7.9
X_2(防衛力増強)	-.207	.756	(1)21.7　(2)11.1　(3)51.0　(4)7.8　(5)8.4
固有値	2.045	1.324	
寄与率	34.083	22.069	

数を用いた。だが，結果として安全保障に関わる変数が少なかったために，安全保障が第 2 因子になり，X_3（小さな政府）が両因子に跨ることとなったと考えられる。X_3 は，参加・福祉の因子において，因子負荷量は.324 であり，参加・福祉を求める態度とは弱いが同調している。X_3 は安全保障の因子においては，因子負荷量が.319 であり，安全保障を強化する態度にも弱いが同調している。よって，この時点では X_3 は多くの有権者に理解されているとは言い難いが，保守・革新の両イデオロギーと親和性を有している。

2-4　有権者の政策空間：1993 年

　では，次に 1990 年代の有権者の政策空間の全体的枠組みを検討する。1990 年代は政治改革の時代であり，リクルート事件，東京佐川急便事件などの金権スキャンダルを近因として政治改革が始まった。では，1993 年に行われた社会調査の JES II データ[3]から，JES データと同様に有権者の政策選好態度に関して 6 つの変数を用いて因子分析（主因子法，プロマックス回転）を行い，有権者の政策空間を析出する。表 2-2 が分析結果であり，パタン行列である[4]。

　因子負荷量から判断すると，第 1 因子は参加・福祉，第 2 因子は安全保障，と名付けることができる。この JES II データによる政策空間の分析も蒲島・竹中（1996）により行われている。彼らは政策選好を表す 13 の変数を用いて因子分析を行い，6 つの因子を析出している。ここでも 2014 年のデータと変数を揃えるために，これらの中から 6 つの変数を用いて 1983 年の JES データ

表 2-2：有権者の政策空間：1993 年 JES Ⅱ データ

変数	参加・福祉	安全保障	データの度数分布(%)
X_7(労働者発言権強化)	.700	.031	(1)1.4　(2)2.1　(3)26.9　(4)32.7　(5)36.9
X_1(社会福祉充実)	.699	.066	(1)1.8　(2)4.2　(3)20.3　(4)33.1　(5)40.6
X_4(政治腐敗防止)	.654	-.100	(1)0.2　(2)0.4　(3)4.1　(4)9.4　(5)85.9
X_3(小さな政府)	.166	-.119	(1)8.8　(2)13.5　(3)44.4　(4)18.9　(5)14.4
X_6(日米安保強化)	.090	.810	(1)14.2　(2)13.6　(3)52.3　(4)11.3　(5)8.6
X_2(防衛力増強)	-.116	.779	(1)26.5　(2)22.2　(3)35.1　(4)10.5　(5)5.7
固有値	1.500	1.252	
寄与率	25.005	20.865	

と同じ変数にした。この結果も，安全保障に関わる変数が少なかったために，安全保障が第 2 因子になったと考えられる。

　ここでも，X_3（小さな政府）が両方の因子に跨っている。しかし，表 2-1 の JES データの結果とは異なり，安全保障の因子において X_3 の因子負荷量は負値となっている。蒲島・竹中（1996）は JES Ⅱ データの分析においては，有権者は中道化していると指摘する。ならば，この因子負荷量が負値となったことは，革新政党および非自民政党は政治改革のなかにあって，従来の自民党政府の補助金や公共事業費のばらまきに対しては常に批判的であったことを考えると，革新政党支持者などは X_3 を肯定し，保守政党支持者が X_3 に否定的であったことによると考えられる。

　ある時点の政策空間を精緻に析出するためには，多くの適切な変数を用いる方が良いであろう。しかし，本章の目的は，政策選好からなる政策空間の構造，つまり変数の関連性から有権者がどのように新自由主義を受容してきたのか，そしてなぜ 2014 年総選挙で安倍政権の安全保障政策の転換が有権者に受容されたのか，そのメカニズムを検証することである。したがって，安全保障政策を表す変数（X_2, X_6），社会・経済政策を表す変数（X_1, X_4, X_7），新自由主義を表す変数（X_3）があれば十分であり，これらの変数が社会における重要な対立軸を表わしていると考えられる。そもそも用いる変数の数によって因子の数（政策空間の次元）は変化する。よって単純なモデルの方が理解しやすい。

2-5　有権者の政策空間：2014 年

では，2014 年総選挙のときに有権者は如何なる政策空間を構成していたのであろうか。政策空間の全体的枠組みを因子分析（主因子法，プロマックス回転）から析出する。用いるデータは筆者が 2014 年総選挙直後に行ったインターネット調査によるデータである[5]。表 2-3 が分析結果であり，パタン行列である。有権者の政策選好態度を表す 7 つの変数を用いた[6]。

表 2-3　有権者の政策空間：2014 年データ

変数	安全保障	新自由主義	参加・福祉	データの分布（％）
X_6（日米安保強化）	.894	-.008	.053	(1)5.3　(2)14.0　(3)49.8　(4)22.2　(5)8.7
X_2（防衛力増強）	.889	-.003	-.024	(1)8.2　(2)15.7　(3)35.9　(4)25.7　(5)14.5
X_9（政府支出削減）	-.046	.772	-.119	(1)1.6　(2)4.6　(3)22.5　(4)29.8　(5)41.5
X_3（小さな政府）	.044	.771	-.341	(1)4.9　(2)13.1　(3)48.2　(4)25.2　(5)8.6
X_4（政治腐敗防止）	-.010	.555	-.418	(1)1.2　(2)2.8　(3)17.2　(4)26.0　(5)52.8
X_7（労働者発言権強化）	.041	.138	.747	(1)2.6　(2)8.3　(3)38.1　(4)35.3　(5)15.7
X_1（社会福祉充実）	-.007	.207	.793	(1)3.9　(2)13.7　(3)32.9　(4)36.6　(5)12.9
固有値	1.875	1.598	1.173	
寄与率	26.791	22.834	16.756	

因子負荷量から判断すると，第 1 因子は安全保障，第 2 因子は新自由主義，第 3 因子は参加・福祉と名付けることができる。因子分析の結果は，用いた変数の数に依存することになる。これより多くの変数を用いれば異なる政策空間が構成されることになる。JES，JESⅡデータと比較するために，本項では政策項目に関して 7 つの変数に限定する。

表 2-3 の結果からわかることは，これらの変数から構成される有権者の政策空間は，まず安全保障政策への態度により政策空間が大きく規定されていることである。次いで，この政策空間は新自由主義的政策への態度，参加・福祉政策への態度の順で規定されていることである。第 1 因子の安全保障を構成する変数 X_2（防衛力増強）に否定的な回答は 23.9％，肯定的回答は 40.2％である。同様に，X_6（日米安保強化）では，否定的な回答は 19.3％，肯定的回答は 30.9％である。よって，有権者全体では，安倍政権の安全保障政策には賛成意見が多い。したがって，有権者の政策空間は第 2 次安倍政権の安全保障政策に

対して賛成多数と一部の反対という態度であり，X_2 と X_6 の分布から，少し歪んだ構造となっている。

　2014年の政策空間は，1983年と1993年の政策空間と異なる点がある。それは，ほぼ同じ数の変数で分析しても，新自由主義の次元が明確に存在することである。蒲島・竹中（1996）の先行研究でも変数の数を多くすれば，新自由主義の次元は析出されていた。表2-1の1983年，表2-2の1993年の結果と変数の数が異なるから，これら2時点の結果と表2-3（2014年）の結果を厳密に比較することはできない。しかし，この数少ない変数で新自由主義の次元が析出されたことは，有権者の政策空間で新自由主義が比重を高くしていることを示唆する。

　では，表2-1，表2-2と表2-3の比較から，どのように日本人の政策空間は変化したのであろうか。蒲島・竹中（1996, 2012）は，1967年から2005年までの5つのデータセットの分析から，日本人は60年代，70年代よりも80年代には保守化しており，2000年代には中道化しているが，日本人のイデオロギーの基底には弱体化しつつも保革イデオロギーが残存していると論じる。JES，JESⅡデータの分析では，変数が6つと少ないために，2014年データとの厳密な比較は不可能である。2014年の時点では，多くの有権者は保守化しつつも，第2次安倍政権の進める改憲，安保法制に対しては，肯定派を多数としつつも，否定派も少なからずいる。よって改憲・安保法制が中心的対立軸として存在するが故に，第1因子を安全保障とした政策空間を構成し，さらに小泉改革以降の15年間の経験から新自由主義的正策に敏感になったが故に第2因子に新自由主義を構成したと考えられる。

3．グラフィカルモデリング

3-1　グラフィカルモデリングの考え方

　グラフィカルモデリングとは，多次元の量的・質的データから得られる相関係数，偏相関係数から確率変数間の関係をグラフでモデル化して，モデルの妥当性を諸種の統計量から判断して，確率変数間の関連性を解釈する統計的手法

である。グラフとは，グラフ理論における無向・有向・連鎖の独立グラフである。グラフィカルモデリングで使用可能なデータは，量的データの連続変数，質的データのカテゴリカル変数である[7]。

多変量解析において複数の変数間の関係を捉える方法は，クロス表や相関係数が最も単純な方法であるが，基本的には 2 変数間の関連しか示すことができない。3 変数以上の関連を示す方法としては主成分分析などがある。しかし，主成分分析は相関行列のスペクトル分解であるが故に，相関行列が有している以上の情報を得ることは無理である（宮川，1997，6 頁）。主成分分析では，各主成分間の関係を明示的に把握することはできるが，各主成分を構成する変数間の関係，各主成分を跨いでの変数間の関係，さらに 3 つ以上の変数間の絡みを明示してはくれない。各変数間関係を把握するためには，相関関係に戻って考察する必要がある。このような 3 つ以上の変数の関連の絡みに関する情報も相関行列に含まれる。しかし，その絡みに関する情報を引き出すのはスペクトル分解ではなく，逆行列により引き出される偏相関係数なのである（宮川，1997，7 頁）。グラフィカルモデリングは，多変量確率変数の相関行列から偏相関行列を作成し，共分散選択（Dempster，1972）の手法により偏相関係数の絶対値の小さいものを順次ゼロとして行くことにより，変数間の関係を減らし，AIC などの適合度が最も良い偏相関行列をグラフで表現して解釈する。この方法は工学分野での適用事例は多いが，政治学分野で適用した研究は管見の限りではない。日本におけるグラフィカルモデリングの理論的研究と解説は宮川（1997），日本品質管理学会他［編］（1999）が嚆矢である。以下，本節の各項におけるグラフィカルモデリングの理論的説明は宮川（1997，25-94 頁）に依拠し，必要に応じて確率論，グラフ理論をわかりやすいように記述する。では，グラフィカルモデリングを理解する上で必要最小限の確率とグラフ理論の概念を次項以下で説明する。

3-1-1 確率変数の条件付き独立と偏相関係数

3 つの事象 A, B, C があり，事象 C が生起したという条件の下で，A と B

が条件付き独立である条件は，
$$P(A \cap B \,|\, C) = P(A \,|\, C)\, P(B \,|\, C) \tag{1}$$
であり，これを $A \perp\!\!\!\perp B \,|\, C$ と表す．

これを確率変数に適用すると，次のように定義される．

【定義1】 確率変数の独立性の定義

すべての x, y, z の値に対して，
$$f(x,y\,|\,z) = f(x\,|\,z)f(y\,|\,z) \tag{2}$$
が成り立つとき，X と Y は Z を与えたもとでの条件付き独立といい，$X \perp\!\!\!\perp Y \,|\, Z$ と表す．

この定義は(1)式 $P(A \cap B \,|\, C) = P(A\,|\,C)P(B\,|\,C)$ を確率密度関数で表したものである．

$X \perp\!\!\!\perp Y \,|\, Z$ の必要十分条件は，同時確率密度関数 $f(x,y,z)$ に対して
$$f(x,y,z) = g(x,z)\,h(y,z) \tag{3}$$
を満たす関数 g と h が存在することであり，これを因数分解基準という．

これらの確率変数の条件付き独立は確率変数間の関係を規定し，グラフを解釈するときの基礎となる．だが，さらに確率変数間の関係を考察するうえで重要な役割を果たすのはマルコフ連鎖の確率過程である．確率過程とは確率変数の時間的変化である．マルコフ連鎖は，確率変数 X_{n+1} がある値をとる確率が X_n の結果のみに依存している確率過程であり(4)式で表される．
$$f(x_{n+1}\,|\,x_1,x_2,...,x_{n-1},x_n) = f(x_{n+1}\,|\,x_n) \tag{4}$$
(4)式は条件付確率の定義より(5)式として表すことができる．
$$f(x_1,...,x_{n-1},x_{n+1}\,|\,x_n) = f(x_{n+1}\,|\,x_n)f(x_1,...,x_{n-1}\,|\,x_n) \tag{5}$$
グラフィカルモデリングはこのマルコフ性をもった確率変数を多変量正規分布において，条件付き確率で表すことである．

確率変数 X_1,..., X_p のそれぞれが正規分布をするとき，それらは全体として p 次元正規分布と考えることができる．この分布を p 次元多変量正規分布といい，(6)式の確率密度関数で表される．

$$f(x) = \frac{1}{\sqrt{(2\pi)^p |\Sigma|}} \exp\left\{-\frac{1}{2}(x-\mu)'\Sigma^{-1}(x-\mu)\right\} \tag{6}$$

ここで，$\mu = (\mu_1, ..., \mu_p)'$ は平均ベクトル，$\Sigma = (\sigma_{ij})$ は分散共分散行列，$|\Sigma|$ は Σ の行列式，$\exp x = e^x$ である．

p 個の変量からなる多変量正規分布の相関行列を $\Pi = (\rho_{ij})$，その逆行列を $\Pi^{-1} = (\rho^{ij})$ とすると，X_i と X_j の偏相関係数は(7)式となる．

$$\rho_{ij \cdot rest} = \frac{-\rho^{ij}}{\sqrt{\rho^{ii}}\sqrt{\rho^{jj}}} \qquad (rest = \{1, 2, ..., p\} \setminus \{i, j\} \text{である．}) \tag{7}$$

よって，ここから多変量正規分布の性質として「条件付き独立の必要十分条件」が導出される．

［条件付き独立の必要十分条件］X_i と X_j が，その他のすべての確率変数を与えたときに，条件付き独立 $X_i \perp\!\!\!\perp X_j | (X_1, X_2, ..., X_p \setminus X_i, X_j)$ となる必要十分条件は，Σ^{-1} の要素 (ij) が $\sigma^{ij} = 0$ となること，つまり偏相関係数 $\rho_{ij \cdot rest} = 0$ となることである．

3-1-2　グラフ理論におけるマルコフ連鎖と因数分解性

グラフィカルモデリングは，最終的に確率変数間の関係を条件付き独立という形で表して解釈する．このときに，確率変数間の関係において因果関係が明確に想定できる場合とできない場合がある．明確に因果関係が想定できる場合のグラフは有向独立グラフ，連鎖独立グラフ，想定できない場合が無向独立グラフとなる．

本章で用いる確率変数は，1983，1993，2014年の総選挙における有権者の政策選好を表わすクロスセクショナルデータである．したがって，確率変数間の時間関係などを特定化することはできない．よって，これらの確率変数間のそれぞれに因果関係を設定することは難しい．本章では，一貫して無向独立グラフを用いて分析する．

無向独立グラフは，以下のように定義される．p 個の確率変数があり，p 個の変数で無向グラフを考える．このとき存在する変数対の組み合わせは，p

$(p-1)/2$ 通りである。これらの (X_i, X_j) $(1 \leq i < j \leq p)$ のそれぞれについて，X_i と X_j が残りの $p-2$ 個の確率変数を与えたものと条件付き独立か否かを判断する。つまり，前項の偏相関係数 $\rho_{ij \cdot rest} = 0$ か否かを判断するのである。そして，$\rho_{ij} \neq 0$ のときに X_i と X_j を表す頂点を辺で結び，⓪——⓪と表す。$\rho_{ij} = 0$ のときには，X_i と X_j を表す頂点を辺で結ばない。これは確率変数の分散共分散行列 $\Sigma = (\sigma_{ij})$ としたときに，その逆行列 $\Sigma^{-1} = (\sigma^{ij})$ のある成分が $\sigma^{ij} = 0$ となることは，「X_i と X_j が，その他のすべての変数を与えたときに，条件付き独立になることを意味する」のである（宮川, 1997, 45頁）。

無向独立グラフにおいて，2つの頂点 α と β が頂点集合 s により分離されているならば，$\alpha \perp\!\!\!\perp \beta | s$ が成立する[8]。

無向独立グラフの定義から，2つの頂点 α と β が隣接していないならば，$\alpha \perp\!\!\!\perp \beta | V \setminus \{\alpha, \beta\}$ という性質が成立する。これを「対ごとのマルコフ性」といい（P）で表す。さらに，2つの頂点集合 α と β が頂点集合 s により分離されているならば $\alpha \perp\!\!\!\perp \beta | s$ が成立し，これを「分離定理」という。

この $\alpha \perp\!\!\!\perp \beta | s$ を「大域的マルコフ性」といい（G）で表す。

よって，「（P）ならば（G）」が成り立つ。

さらにこの中間に位置する「局所マルコフ性」がある。$\mathrm{bd}(\alpha)$ を α を頂点とする集合とし，$\mathrm{cl}(\alpha) = \mathrm{bd}(\alpha) + \alpha$ とするときに，$\forall \alpha$ について，$\alpha \perp\!\!\!\perp V \setminus \mathrm{cl}(\alpha) | \mathrm{bd}(\alpha)$ が成り立つ。これを「局所マルコフ性」として（L）と表す。このとき次の［3つのマルコフ性の同値性］が成り立つ。

［3つのマルコフ性の同値性］

任意の無向独立グラフにおいて，（G）→（L）→（P）が成り立つ[9]。

さらにここから，定理2.3と定理2.4より（G）→（L）→（P）→（G）が成り立つことがわかる。そして，この3つのマルコフ性と同じ性質が「グラフGに従う因数分解性」であり，（F）と表す。ここから，［因数分解とマルコフ性の関係］が成り立つ。

［因数分解とマルコフ性の関係］

任意の無向独立グラフにおいて（F）→（G）が成り立つ。

以上，これらの定理が本稿の分析結果のグラフ解釈で必要となる（宮川，1997，53-54頁）。

3-1-3　適合度指標と共分散選択

グラフィカルモデリングは共分散選択によりモデルを構築するが，その際にモデルを評価する適合度指標が必要となる。本稿ではAICと逸脱度を用いる。

AICは，これまでに多くの統計モデルで用いられてきた。ここでは，逸脱度の概要を示しておく。観測されたデータ $x_1,......,x_n$ の対数尤度を $\log L(\mu,\Sigma)$ として，パラメータに制約のない μ と Σ の最尤推定値を $\tilde{\mu}=\bar{x},\tilde{\Sigma}=S$ とする（宮川，1997，80頁）パラメータに何の制約もないモデルをフルモデルとしてFMと表す。FMの最大対数尤度は $\log L(\mathrm{FM}) = -\frac{np\log(2\pi)}{2} - \frac{n\log|S|}{2} - \frac{np}{2}$ $\frac{n\log|S|}{2} - \frac{np}{2}$ である。

Σ^{-1} のいくつかの σ^{ij} を $\sigma^{ij}=0$ と制約を課すモデルを縮小モデルとし，RMで表す。以下，制約の数によりRM1，RM2，…とする。RMの最大対数尤度は $\log L(\mathrm{RM}) = -\frac{np\log(2\pi)}{2} - \frac{n\log|\hat{\Sigma}|}{2} - \frac{np}{2}$ となり，これらFMとRMの対数尤度の差の2倍をRMのFMに対する逸脱度(deviance)として，$\mathrm{dev}(\mathrm{RM})$ と表す。逸脱度は次の式で表される。

$$\mathrm{dev}(\mathrm{RM}) = 2\left[\log L(\mathrm{FM}) - \log L(\mathrm{RM})\right] = n\log\frac{|\hat{\Sigma}|}{|S|}$$

RMが真のとき $\mathrm{dev}(\mathrm{RM})$ は漸近的に χ^2 分布に従う。

共分散選択は，分析に用いる確率変数から構成されるグラフが完全であるところから出発する。まず，偏相関係数を導出し，値がゼロに近い，つまり絶対値最小ものから順次偏相関係数をゼロとする制約を課して，再度偏相関係数を導出する手順を繰り返し，モデルの適合度AICや $\mathrm{dev}(\mathrm{RM})$ が最適となるモデルを最終的なモデルとして選択するプロセスである（詳細は補遺に記す）。

では，統計解析ソフトRのパッケージggmによる具体的分析手順を示しておく。

共分散選択は，分析モデルを構成する確率変数から構成される完全グラフか

ら出発し，以下の手順で行う。

〈1〉データの標本分散共分散行列をΣ_0とする。そこから標本相関行列$R_0 = (r_{ij})$および，標本偏相関係数行列$P_0 = (r_{ij \cdot rest})$を作成する。$P_0$をフルモデル（FM）で推定したときにAIC＝0，dev（FM）＝0である。

〈2〉P_0のなかで，絶対値最小の$r_{ij \cdot rest}$をみつけ，FMにおいて$r_{ij \cdot rest}$に相当する箇所の母偏相関係数を$\rho_{ij \cdot rest} = 0$とする。

〈3〉この$\rho_{ij \cdot rest} = 0$としたモデルを，RM1とする。このRM1に対してR_0から母分散共分散行列$\hat{\Sigma}_1$を推定する。

〈4〉$\hat{\Sigma}_1$からRM1における母偏相関行列P_1，さらに母相関行列M_1を作成する。M_1からAIC$_1$，dev（RM1）を算出する。AIC$_0$<AIC$_1$，dev（RM1）－dev（FM）のp値をp_1としてp_1<.15程度ならば分析を終了し，FMが最適モデルとなる。しかし，普通はAIC$_0$>AIC$_1$となるので，〈5〉へ進む。

〈5〉P_1の絶対値最小の要素$\rho_{i'j' \cdot rest} = 0$としたモデルをRM2とする。このRM2に対して，$R_0$から$\hat{\Sigma}_2$を推定する。

〈6〉$\hat{\Sigma}_2$からRM2におけるP_2，M_2を作成する。M_2からdev（RM2）とAIC$_2$を算出する。dev（RM2）－dev（RM1）のp値をp_2とする。

〈7〉AIC$_1$<AIC$_2$，p_2<.15程度ならば，ここで分析を終了する。最適モデルはRM1となる。

AIC$_1$>AIC$_2$，p_2>.15程度ならば，〈8〉に進む。

〈8〉〈1〉～〈7〉で行ったFMとRMの推定を，RM2とRM3，…，RMkとRMk+1で行い，その都度AIC$_k$とAIC$_{k+1}$，dev（RMk+1）－dev（RMk）のp_{k+1}値の変化を見て，最適モデルを判断する。

4．政策選好の分析

4-1　共分散選択：1983年総選挙における有権者の政策空間

まず，1983年のJESデータを用いて，有権者の政策空間の構造をグラフィカルモデリングにより分析する。有権者による新自由主義的政策の受容と，そ

の安全保障政策と社会・経済政策との関連を中心に構造を検証する。

4-1-1 有権者全体の政策空間

共分散選択の結果，RM5 と RM6 の間で適合度が大きく変化した。RM5 の適合度は，$AIC_5 = -6.317$，$dev(RM5) - dev(RM4) = 3.683 - 1.796 = 1.887$ で $p_5 = 1.694$ である。RM6 の適合度は，$AIC_6 = -3.725$，$dev(RM6) - dev(RM5) = 15.743 - 3.683 = 12.060$ で $p_6 = 0.005$ である。よって，RM5 のモデルが最適であると判断できる。RM5 のモデルにおける各係数は表 2-4 に示す。

表 2-4：RM5 の相関係数と偏相関係数

相関係数	X_2	X_1	X_4	X_6	X_7	X_3	偏相関係数	X_2	X_1	X_4	X_6	X_7	X_3
X_2(防衛力増強)	1.000						X_2(防衛力増強)	----					
X_1(社会福祉充実)	-.125	1.000					X_1(社会福祉充実)	.000	----				
X_4(政治腐敗防止)	-.235	.454	1.000				X_4(政治腐敗防止)	-.141	.327	----			
X_6(日米安保強化)	.386	.021	.055	1.000			X_6(日米安保強化)	.388	.000	.000	----		
X_7(労働者発言強化)	-.201	.384	.485	-.007	1.000		X_7(労働者発言強化)	-.118	.208	.350	.061	----	
X_3(小さな政府)	-.002	.061	.109	.074	.107	1.000	X_3(小さな政府)	.000	.000	.066	.074	.059	----

$AIC_5 = -6.317$　$dev(RM5) = 3.683$　df $= 5$

推定結果としてのグラフは図 2-1 に示す。図中のグラフの辺にある数値は偏相関係数である。対ごとのマルコフ性より（P）が成り立っているから，隣接していない頂点対に着目して，分離定理及び大域的マルコフ性（定理 2.3 補遺 3-3 参照）より（P）→（G），またグラフ G に従う因数分解性（定理 2.5 補遺 3-3 参照）より（F）→（G）であるから，主な確率変数間の条件付き独立関係は，以下のようになっている。

$X_1 \perp\!\!\!\perp (X_2, X_3) | (X_4, X_7)$

$X_1 \perp\!\!\!\perp X_6 | (X_7)$

$X_2 \perp\!\!\!\perp X_3 | (X_4, X_6, X_7)$

$X_4 \perp\!\!\!\perp X_6 | (X_2, X_3, X_7)$

表 2-1 の因子分析の結果と表 2-4 の偏相関係数を対照させると，各因子を構成している確率変数間の偏相関係数は大きい値である。各変数の関係をみる

と，偏相関係数の正負から保守・革新の態度が有権者に残存していることが読み取れる。これらの変数の条件付き独立の関係で特徴的なのは，$X_1 \perp\!\!\!\perp (X_2, X_3)|(X_4, X_7)$である。新自由主義を表す$X_3$（小さな政府）に着目して，まず$X_1 \perp\!\!\!\perp X_3|(X_4, X_7)$の関係に限定して考察する。本来，$X_1$（社会福祉充実）と$X_3$（小さな政府）の意見は対立して負の係数になると考えられる。しかし，この時代にX_3は新自由主義を象徴するというよりも，自助努力的な意味合を強くして鼓舞されてきた。また，X_1に否定的な有権者は少ない。表2-1の度数分布をみれば，条件のX_4（政治腐敗防止），X_7（労働者発言強化）は保守・革新のどちらにあっても多くの有権者が肯定的に評価していると考えられる。よって，X_3はX_4，X_7と弱い偏相関を示す。しかし，$X_1 \perp\!\!\!\perp X_3$がX_4，X_7を条件としていることは，X_4とX_7の水準ごとにみると独立していることになる。X_4とX_7の内実を考えれば，それらは有権者の社会的立場または社会階層を表している。そうすると社会的立場，各社会階層の水準で「小さな政府」と「社会福祉充実」の選好がバラバラになっているのである。また，$X_3 \sim X_4$と$X_3 \sim X_7$の係数も小さく，実質は独立に近い。よって，$X_1 \sim X_3$の相関係数は非

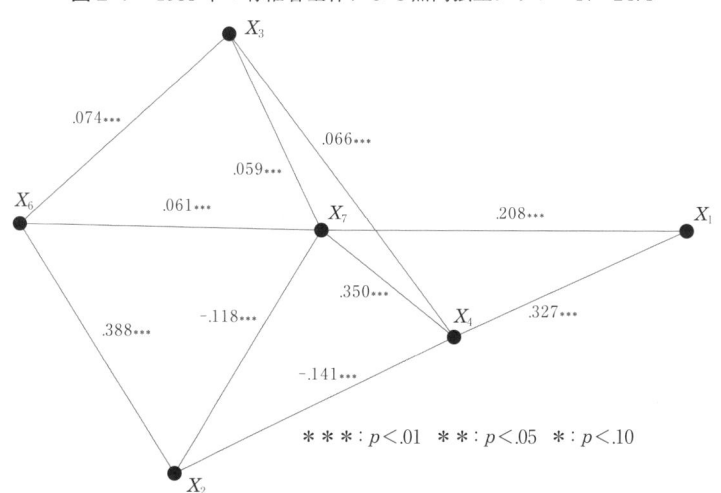

図2-1：1983年の有権者全体による無向独立グラフ　N＝2473

***：$p<.01$　**：$p<.05$　*：$p<.10$

常に小さな正値となるが，偏相関係数はゼロとなる条件付き独立になるのである。これが$X_1 \perp\!\!\!\perp X_3|(X_4, X_7)$の意味である。$X_1 \perp\!\!\!\perp X_2|(X_4, X_7)$となるのも同じ論理である。

4-1-2 自民党投票者の政策空間

共分散選択の結果，RM6 と RM7 の間で適合度が大きく変化した。RM6 の適合度は，$AIC_6 = -3.994$, $dev(RM6) - dev(RM5) = 8.007 - 6.200 = 1.807$ で $p_6 = 1.789$ である。RM7 の適合度は，$AIC_7 = 1.314$, $dev(RM7) - dev(RM6) = 15.314 - 8.007 = 7.307$ で $p_7 = 0.007$ である。よって，RM6 のモデルが最適であると判断できる。RM6 のモデルにおける各係数は表 2-5 に示す。

表 2-5：RM6 の相関係数と偏相関係数

相関係数	X_2	X_1	X_4	X_6	X_7	X_3
X_2(防衛力増強)	.000					
X_1(社会福祉充実)	-.044	1.000				
X_4(政治腐敗防止)	-.084	.425	1.000			
X_6(日米安保強化)	.311	.071	.130	1.000		
X_7(労働者発言権強化)	-.078	.344	.414	.133	1.000	
X_3(小さな政府)	-.007	.033	.039	.013	.096	1.000

偏相関係数	X_2	X_1	X_4	X_6	X_7	X_3
X_2(防衛力増強)	----					
X_1(社会福祉充実)	.000	----				
X_4(政治腐敗防止)	-.084	.329	----			
X_6(日米安保強化)	.332	.000	.101	----		
X_7(労働者発言権強化)	-.079	.201	.297	.107		
X_3(小さな政府)	.000	.000	.000	.000	.085	----

$AIC_6 = -3.994$　　$dev(RM6) = 8.007$　　$df = 6$

推定結果としてのグラフは図 2-2 に示す。図 2-2 のグラフの辺にある数値は偏相関係数である。対ごとのマルコフ性より（P）が成り立っているから，隣接していない頂点対に着目して，分離定理及び大域的マルコフ性（定理 2.3 補遺 3-3 参照）より（P）→（G），またグラフ G に従う因数分解性（定理 2.5 補遺 3-3 参照）より（F）→（G）であるから，主な確率変数間の条件付き独立関係は，以下のようになっている。

$X_1 \perp\!\!\!\perp (X_2, X_6)|(X_4, X_7)$

$X_3 \perp\!\!\!\perp (X_1, X_2, X_4, X_6)|X_7$

図 2-2 のグラフをみると，図 2-1 の有権者全体のグラフと似ている。図 2-1 のグラフから $X_3 \sim X_4$ と $X_3 \sim X_6$ を取り除き，$X_4 \sim X_6$ を加えると図 2-2 に

なる。図 2-1 の $X_3 \sim X_4$ と $X_3 \sim X_6$ の係数も小さいから，有権者全体と自民党投票者の政策空間はかなり似ている。

図 2-2 のグラフで特徴的なのは，$X_3 \perp\!\!\!\perp (X_1, X_2, X_4, X_6)|X_7$ の条件付き独立である。このことは，自民党投票者は，X_7（労働者発言権強化）で層化すると，X_3（小さな政府）と他の確率変数全てが独立の関係になることを示している。条件の X_7 は，先の有権者全体の場合と同じように，所得水準を中核とした社会的立場や社会階層を表している。よって，自民党支持者にあっては，社会的立場，社会階層の各水準でみると，X_3 と他の確率変数との態度は独立している。よって，$X_3 \sim X_7$ の係数の小ささも考慮すれば，自民党投票者は X_3 の選好と他の確率変数の選好を関連付けることが有権者全体よりもできていないのである。

この時代にあっては，X_3 は小泉改改革以降とは意味が異なり，80 年代初頭の行政改革のなかで多くの有権者が認めるものであり，X_7（労働者発言権強化）の意味も同様に，1980 年代初頭にあっては労働組合問題にほぼ限定されている。それ故に，$X_3 \sim X_7$ が成立し，$X_3 \perp\!\!\!\perp (X_1, X_2, X_4, X_6)|X_7$ が成り立っているのである。

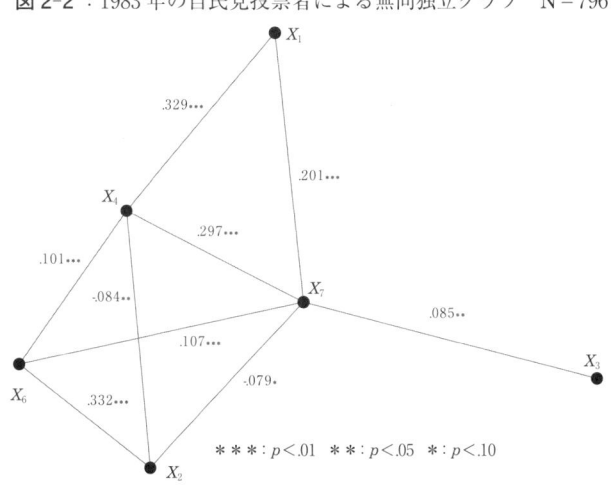

図 2-2：1983 年の自民党投票者による無向独立グラフ　N＝796

$***: p<.01$　$**: p<.05$　$*: p<.10$

4-2 共分散選択：1993年総選挙における有権者の政策空間

次に，1993年のJES IIデータを用いて，有権者の政策空間の構造をグラフィカルモデリングにより分析する。有権者による新自由主義的政策の受容と，その安全保障政策と社会・経済政策との関連を中心に構造を検証する。

4-2-1 有権者全体の政策空間

共分散選択の結果，RM5とRM6の間で適合度が大きく変化した。RM5の適合度は，$AIC_5 = -4.188$，$dev(RM5) - dev(RM4) = = 5.182 - 4.195 = 1.887$ で $p_5 = 0.320$ である。RM6の適合度は，$AIC_6 = -3.452$，$dev(RM6) - dev(RM5) = 8.548 - 5.812 = 2.736$ で $p_6 = 0.098$ である。よって，RM5のモデルが最適であると判断できる。RM5のモデルにおける各係数は表2-6に示す。

表2-6：RM5の相関係数と偏相関係数

相関係数	X_2	X_1	X_3	X_4	X_6	X_7	偏相関係数	X_2	X_1	X_3	X_4	X_6	X_7
X_2(防衛力増強)	1.000						X_2(防衛力増強)	----					
X_1(社会福祉充実)	-.053	1.000					X_1(社会福祉充実)	-.024	----				
X_3(小さな政府)	-.007	.019	1.000				X_3(小さな政府)	.000	.000	----			
X_4(政治腐敗防止)	-.092	.210	.057	1.000			X_4(政治腐敗防止)	-.071	.167	.047	----		
X_6(日米安保強化)	.286	.007	-.000	-.019	1.000		X_6(日米安保強化)	.287	.000	.000	.000	----	
X_7(労働者発言権強化)	-.072	.235	.045	.208	.015	1.000	X_7(労働者発言権強化)	-.056	.198	.034	.160	.036	----

$AIC_5 = -4.118$ $dev(RM5) = 5.182$ $df = 6$

推定結果としてのグラフは図2-3に示す。図2-3のグラフの辺にある数値は偏相関係数である。対ごとのマルコフ性より（P）が成り立っているから，隣接していない頂点対に着目して，分離定理及び大域的マルコフ性（定理2.3補遺3-3参照）より（P）→（G），またグラフGに従う因数分解性（定理2.5補遺3-3参照）より（F）→（G）であるから，主な確率変数間の条件付き独立関係は，以下のようになっている。

$X_3 \perp\!\!\!\perp (X_1, X_2) | (X_4, X_7)$

$X_6 \perp\!\!\!\perp (X_1, X_4) | (X_2, X_7)$

$X_3 \perp\!\!\!\perp X_6 | (X_7)$

表2-2の因子分析の結果と表2-6の偏相関係数を対照させると，各因子を構成している変数間の偏相関係数は大きい値である．各確率変数の関係をみると，この時点でも係数の正負から保守・革新の態度が有権者に残存していることが読み取れる．1983年の有権者全体（図2-1）と比較すると，$X_3 \sim X_6$が無く，$X_1 \sim X_2$が新たに加わっており，あとは同じ構造である．ただし，係数でみると変数間の係数の値は図2-1のそれよりも全て小さい．よって，有権者の政策選好態度の一貫性が全体的に小さくなっている．これは1993年の自民党分裂，新党の登場などの影響があると考えられる．

新自由主義を表す変数X_3（小さな政府）に着目して考察する．$X_3 \perp\!\!\!\perp (X_1, X_2) | (X_4, X_7)$が成立している．まず，$X_3 \perp\!\!\!\perp X_1 | (X_4, X_7)$の関係に限定して考察すると，$X_3$「小さな政府」と$X_1$「社会福祉充実」，に関する政策選好は，$X_4$（政治腐敗防止），$X_7$（労働者発言強化）の変数が内在させている所得などを中核とした社会的立場や社会階層の各水準で独立していると考えられる．$X_3 \perp\!\!\!\perp X_2 | (X_4, X_7)$となるのも同じ論理である．これは1983年の有権者全体と同じ構造である．だが，図2-1と比較して$X_3 \sim X_4$，$X_3 \sim X_7$の係数が小さくなっていることは，1993年時点での政党分裂による混乱のなかで，有権者の政策選好が混乱したことも影響していると考えられる．

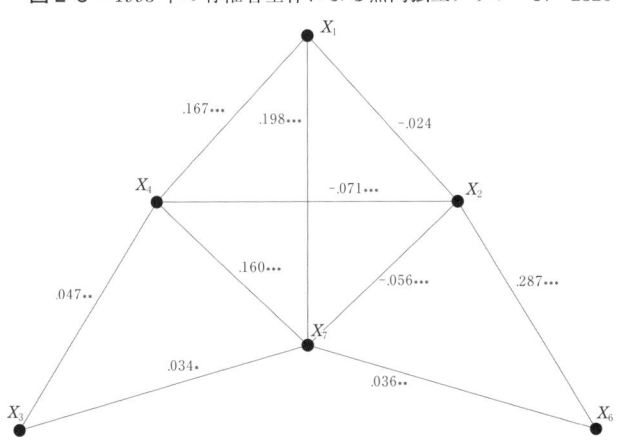

図 2-3：1993年の有権者全体による無向独立グラフ　N = 2320

4-2-2　自民党投票者の政策空間

共分散選択の結果，RM8 と RM9 の間で適合度が大きく変化した。RM8 の適合度は，$AIC_8 = -9.918$，$dev(RM8) - dev(RM7) = 6.082 - 4.055 = 2.027$ で $p_8 = 0.154$ である。RM9 の適合度は，$AIC_9 = -9.451$，$dev(RM9) - dev(RM8) = 8.549 - 6.082 = 2.467$ で $p_9 = 0.116$ である。よって，RM8 のモデルが最適であると判断できる。RM8 のモデルにおける各係数は表 2-7 に示す。

表 2-7：RM8 の相関係数と偏相関係数

相関係数	X_2	X_1	X_3	X_4	X_6	X_7	偏相関係数	X_2	X_1	X_3	X_4	X_6	X_7
X_2(防衛力増強)	1.000						X_2(防衛力増強)	----					
X_1(社会福祉充実)	.022	1.000					X_1(社会福祉充実)	.000	----				
X_3(小さな政府)	.000	.015	1.000				X_3(小さな政府)	.000	.000	----			
X_4(政治腐敗防止)	.005	.211	.070	1.000			X_4(政治腐敗防止)	.000	.185	.068	----		
X_6(日米安保強化)	.234	.093	.001	.020	1.000		X_6(日米安保強化)	.233	.077	.000	.000	----	
X_7(労働者発言強化)	.004	.201	.011	.156	.019	1.000	X_7(労働者発言強化)	.000	.169	.000	.118	.053	----

$AIC_8 = -9.918$　$dev(RM8) = 6.082$　$df = 8$

推定結果としてのグラフは図 2-4 に示す。図中のグラフの辺にある数値は偏相関係数である。対ごとのマルコフ性より (P) が成り立っているから，隣接していない頂点対に着目して，分離定理及び大域的マルコフ性（定理 2.3 補遺 3-3 参照）より (P) → (G)，またグラフ G に従う因数分解性（定理 2.5 補遺 3-3 参照）より (F) → (G) であるから，主な確率変数間の条件付き独立関係は，以下のようになっている。

$X_2 \perp\!\!\!\perp (X_1, X_7) | X_6$

$X_3 \perp\!\!\!\perp (X_1, X_7) | X_4$

$X_2 \perp\!\!\!\perp X_4 | (X_1, X_6, X_7)$

$X_3 \perp\!\!\!\perp X_6 | (X_1, X_4, X_7)$

$X_2 \perp\!\!\!\perp X_3 | (X_1, X_4, X_6, X_7)$

$X_4 \perp\!\!\!\perp X_6 | (X_1, X_7)$

図 2-4 のグラフは，図 2-3 の有権者全体のグラフとかなり異なる構造である。図 2-3 の有権者全体のグラフから，$X_1 \sim X_2$，$X_2 \sim X_7$，$X_3 \sim X_7$，$X_2 \sim X_4$ が

無くなり，$X_1 \sim X_6$ が加わっている。$X_1 \sim X_2$ が無くなった理由は，有権者全体（図2-3）では X_2（防衛力増強）と X_1（社会福祉充実）は負の係数であったが，自民党投票者では X_2 を選好する態度が若干増加（6.2%ポイント増加），X_1 を選好する態度が若干減少（3.0%ポイント減少）したために，2変数の関係は見え難くなったと考えられる。$X_2 \sim X_7$ が無くなったのも同じ論理である。$X_3 \sim X_7$，$X_2 \sim X_4$ の係数は，1993年の有権者全体（図2-3）でも小さく，保革イデオロギーで対極的な確率変数を自民党投票者に限定することにより変数間の関係が見え難くなったと考えられる。$X_1 \sim X_6$ が表われたのは，まさに自民党投票者の保守性の強まりを示すものと考えられる。

このグラフで特徴的なのは，1983年と1993年の有権者全体（図2-1，図2-3）と1983年の自民党投票者（図2-2）では，X_2（防衛力増強）は他の変数とも偏相関を示していたが，X_6（日米安保強化）としか偏相関を示していない。自民党投票者で X_1（社会福祉充実），X_4（政治腐敗防止），X_7（労働者発言強化）が同水準の人を集めることは難しいことではない。この3つの変数で同水準の人を集めると，X_3 と X_2，X_6 は独立となることは図2-4からわかる。つまり，ここでも社会的立場，社会階層の各水準で独立しているのである。これは1993年の有権者全体，1983年の有権者全体，自民党投票者よりも，1993年の自民党投票者では，新自由主義的政策と他の政策選好との一貫性が失われていることを示す。

2014年ではこの X_1，X_4，X_7 の社会・経済政策に対する考え方が大きく転換する。つまり格差社会の出現により X_3 の意味は大きく変化すると考えられるが，1993年の時点でその萌芽が存在していたのである。

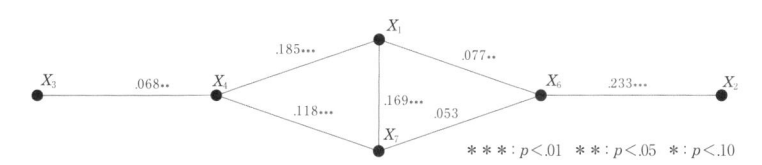

図2-4：1993年の自民党投票者による無向独立グラフ　N＝809

＊＊＊：$p<.01$　＊＊：$p<.05$　＊：$p<.10$

4-3 共分散選択：2014年総選挙における有権者の政策空間

次いで，2014年の調査データを用いて，有権者の政策空間の構造をグラフィカルモデリングにより分析する。1983年，1993年の政策空間が，新自由主義の変質と安全保障政策の転換により，どのように変化したのかを中心に検証する。

4-3-1 全有権者の政策空間

共分散選択の結果，RM8とRM9の間で適合度が大きく変化した。RM8の適合度は，$AIC_8 = -10.051$，$dev(RM8) - dev(RM7) = 5.949 - 4.800 = 1.149$ で $p_8 = 0.284$ である。RM9の適合度は，$AIC_9 = -9.947$，$dev(RM9) - dev(RM8) = 8.053 - 5.949 = 2.104$ で $p_9 = 0.147$ である。よって，RM8のモデルが最適であると判断できる。RM8のモデルにおける各係数は表2-8に示す。

表2-8：RM8の相関係数と偏相関係数

相関係数	X_1	X_2	X_3	X_4	X_6	X_7	X_9	偏相関係数	X_1	X_2	X_3	X_4	X_6	X_7	X_9
X_1(社会福祉充実)	1.000							X_1(社会福祉充実)	----						
X_2(防衛力増強)	-.010	1.000						X_2(防衛力増強)	.000	----					
X_3(小さな政府)	-.057	.049	1.000					X_3(小さな政府)	-.075	.000	----				
X_4(政治腐敗防止)	.160	-.000	.154	1.000				X_4(政治腐敗防止)	.065	.000	.059	----			
X_6(日米安保強化)	.013	.588	.086	.033	1.000			X_6(日米安保強化)	.000	.589	.065	.000	----		
X_7(労働者発言権強化)	.308	-.021	.028	.350	.059	1.000		X_7(労働者発言権強化)	.270	-.062	-.038	.259	.078	----	
X_9(政府支出削減)	.074	.009	.289	.409	.038	.234	1.000	X_9(政府支出削減)	.000	.000	.254	.332	.000	.112	----

$AIC_8 = -10.051$ $dev(RM8) = 5.949$ $df = 8$

推定結果としてのグラフは図2-5に示す。図2-5のグラフの辺にある数値は偏相関係数である。対ごとのマルコフ性より（P）が成り立っているから，隣接していない頂点対に着目して，分離定理及び大域的マルコフ性（定理2.3補遺3-3参照）より（P）→（G），またグラフGに従う因数分解性（定理2.5補遺3-3参照）より（F）→（G）であるから，主な確率変数間の条件付き独立関係は，以下のようになっている。

$X_1 \perp\!\!\!\perp X_9 | (X_3, X_4, X_7)$

$X_2 \perp\!\!\!\perp (X_1, X_3, X_4, X_9) | X_7$

$X_2 \perp\!\!\!\perp X_3 | (X_6, X_7)$
$X_6 \perp\!\!\!\perp (X_1, X_4, X_9) | (X_3, X_7)$

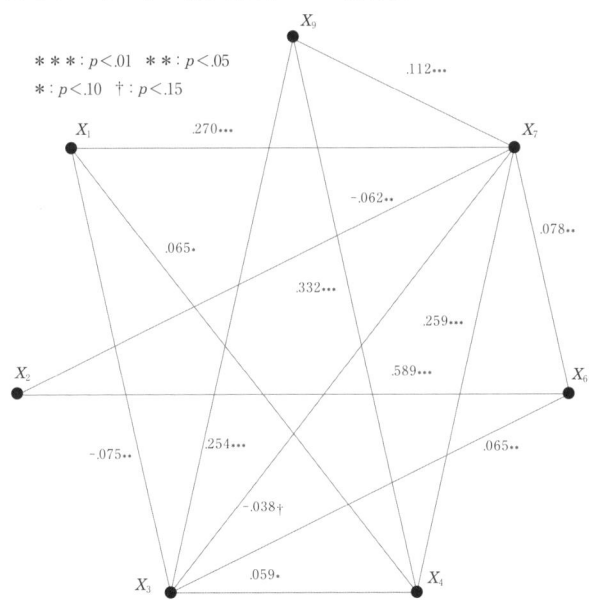

図 2-5：2014 年の有権者全体による無向独立グラフ　N＝1450

***：$p<.01$　**：$p<.05$
*：$p<.10$　†：$p<.15$

　図 2-5 の構造は 1983 年と 1993 年の有権者全体のグラフと異なる点がいくつかあるが，ここでは安定した 55 年体制下の 1983 年の有権者全体の政策空間（図 2-1）と主に比較してその差異を明らかにする。2014 年のデータによる分析では，変数 X_9（政府支出削減）が加わっているから新しい辺がいくつかある。しかし，実質的にこれまでなかった $X_1 \sim X_3$（社会福祉充実・小さな政府）の出現が大きな違いである。$X_1 \sim X_3$ が負の係数であることは，1983，1993 年とは新自由主義（小さな政府）に対する考え方が異なっていることを示している。1983，1993 年では，$X_1 \sim X_3$ の相関係数は正値であるが，小さい。

　$X_1 \sim X_3$ が出現した理由は次のように考えられる。1983 年当時は，行政改

革の中で「小さな政府」が叫ばれ，かなりの正当性をもって保守・革新の区別無く，多くの有権者に理解されてきたことにより，$X_1 \sim X_3$の偏相関係数は1983年には存在しなかったのである。1993年でも，まだ一般には格差社会は見えていなかったのだが，2014年にあっては，小泉政権と続く第2次安倍政権による新自由主義的改革と格差社会の到来により，有権者は財政赤字解消のために「小さな政府」の必要性を理解しつつも，福祉拡大を求めた結果として負値で$X_1 \sim X_3$が出現したのである。

では，2014年のグラフ（図2-5）と1983年のグラフ（図2-1）の係数の比較から，有権者の変化を捉えてみる。構造が大きく異なるのは，先にみた$X_1 \sim X_3$の出現であるが，係数も変化しており$X_2 \sim X_6$，$X_2 \sim X_7$，$X_3 \sim X_7$で変化がみられる。$X_2 \sim X_6$（防衛力増強・日米安保強化）の係数は，1983年の図2-1と比較すると大きくなっている。この変化の背後には中国，韓国との領土問題なども当然関係している。このような国際社会の環境から，第2次安倍政権の論じる改憲（国防軍創設）と集団的安全保障が現実味を帯び，一部有権者が保守性を強めたことによると考えられる。

$X_3 \sim X_7$（小さな政府・労働者発言権強化）は図2-1のグラフと係数の正負が異なる。先に述べたように，1983年ではX_3は多くの有権者は肯定している。また，X_7も半数近くの有権者が肯定している。よって，係数は正値であった。しかし，2014年のX_3は小泉政権以来の新自由主義の代名詞であり，その新自由主義的改革，規制緩和の下で労働者の環境は大きく変化した。よって，小さな政府を認めつつも労働者の権利を主張する声が大きくなったことにより，係数は負値となったと考えられる。

$X_2 \sim X_7$（防衛力増強・労働者発言権強化）は負の係数であるが，図2-1のグラフよりも小さくなっている。もし，有権者の保守化が全体的に続いているのであれば，$X_2 \sim X_7$の係数は図2-5のグラフでは負値で大きくなると考えられる。しかし，負の係数で小さくなっている。しかし，負値で小さくなっているということは，全体としては保守化していないか，もしくはこの2つの政策選好に独自の変化があったということになる。しかし，$X_3 \sim X_7$と$X_1 \sim X_3$の

係数の変化はある程度保守化していることの表われである。とすると，$X_2 \sim X_7$ に関する有権者の政策選好が変化したことになる。よって，この変化をもたらした近因は，X_2 は領土問題に絡む国防軍創設の是非は有権者間にばらつきがみられるが，多くの有権者にとっては非正規雇用増大など労働問題への関心の高まりから X_7 を肯定する態度が高まったことによると考えられる。その結果，$X_2 \sim X_7$ の係数は小さくなったのである。

全有権者は2014年の安倍政権下で保守化しているようにみられる。しかし，それは X_2 や X_6 などで肯定的態度が増加したことによる有権者の一部の政策面，特に安全保障政策に限定されるであろう。全有権者は，小泉政権以降の非正規雇用の増大などの重要性が増すことにより，従来の保守・革新の対立を残存させて政策空間を構成させている。

4-3-2　棄権者の政策空間

では，次に棄権者の推定結果をみる。2014年総選挙は過去最低の投票率であり，小選挙区選挙では52.66％を記録した。棄権者は47.34％に及ぶのであるから，棄権者の政策空間から棄権の理由を探ることも可能であろう。共分散選択の結果，RM10とRM11の間で適合度が大きく変化した。RM10の適合度は，$AIC_{10} = -15.026$，$dev(RM10) - dev(RM9) = 4.974 - 3.541 = 1.433$ で $p_{10} = 1.789$ である。RM11の適合度は，$AIC_{11} = -12.012$，$dev(RM11) - dev(RM10) = 9.984 - 4.974 = 5.010$ で $p_{11} = 0.025$ である。よって，RM10のモデルが最適で

表2-9：RM10の相関係数と偏相関係数

相関係数	X_1	X_2	X_3	X_4	X_6	X_7	X_9	偏相関係数	X_1	X_2	X_3	X_4	X_6	X_7	X_9
X_1(社会福祉充実)	1.000							X_1(社会福祉充実)	----						
X_2(防衛力増強)	.063	1.000						X_2(防衛力増強)	.000	----					
X_3(小さな政府)	-.024	.134	1.000					X_3(小さな政府)	-.085	.094	----				
X_4(政治腐敗防止)	.236	.098	.216	1.000				X_4(政治腐敗防止)	.133	.000	.121	----			
X_6(日米安保強化)	.112	.586	.094	.140	1.000			X_6(日米安保強化)	.000	.557	.000	.000	----		
X_7(労働者発言権強化)	.330	.210	.095	.367	.350	1.000		X_7(労働者発言権強化)	.256	.000	.000	.219	.258	----	
X_9(政府支出削減)	.129	.082	.245	.481	.109	.272	1.000	X_9(政府支出削減)	.000	.000	.162	.396	.000	.106	----

$AIC_{10} = -15.026$　$dev(RM10) = 4.974$　$df = 10$

あると判断できる．RM10のモデルにおける各係数は表2-9に示す．

推定結果としてのグラフは図2-6に示す．図2-6のグラフの辺にある数値は偏相関係数である．対ごとのマルコフ性より（P）が成り立っているから，隣接していない頂点対に着目して，分離定理及び大域的マルコフ性（定理2.3補遺3-3参照）より（P）→（G），またグラフGに従う因数分解性（定理2.5補遺3-3参照）より（F）→（G）であるから，主な確率変数間の条件付き独立関係は，以下のようになっている．

$X_1 \perp\!\!\!\perp X_9 | (X_3, X_4, X_7)$

$X_2 \perp\!\!\!\perp (X_1, X_4, X_9) | X_3$

$X_3 \perp\!\!\!\perp X_6 | X_2$

$X_3 \perp\!\!\!\perp X_7 | (X_1, X_4)$

$X_6 \perp\!\!\!\perp (X_1, X_4, X_9) | X_7$

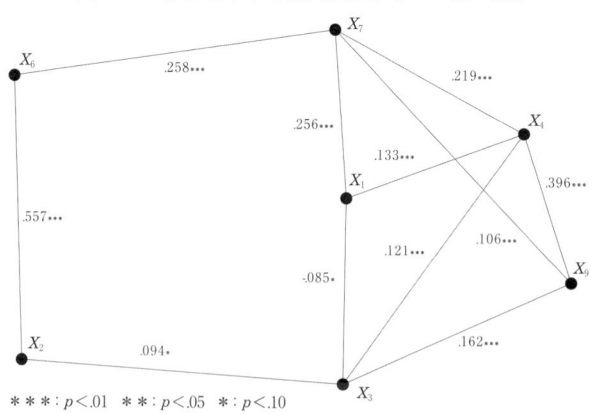

図2-6：棄権者による無向独立グラフ　N=350

***：$p<.01$　**：$p<.05$　*：$p<.10$

図2-6のグラフの構造は有権者全体（図2-5）と似ているが，比較するとX_2〜X_7（防衛力増強・社会福祉充実），X_3〜X_6（小さな政府・日米安保強化），X_3〜X_7（小さな政府・労働者発言権強化）の辺が存在していない．1983年の有権者全体（図2-1）と比較しても，これまで政策選好の一貫性を示していた部分の関

係が崩壊していることになる。このことは，棄権者は政策空間をより単純化させているか，是々非々で対応していることを示しているのかもしれない。また，$X_2 \sim X_3$ が新たに出現している。3つの辺の欠如と $X_2 \sim X_3$ の新たな出現は，全有権者と比較すると，棄権者がややリバタリアン的性格であることを意味する。このことは，次項の図2-7の自民党投票者と比較しても言える。

図2-6では係数の変化もみられる。図2-5の有権者全体と比較すると，$X_3 \sim X_9$ は係数が小さくなっている。$X_3 \sim X_4$, $X_1 \sim X_4$, $X_4 \sim X_9$, $X_6 \sim X_7$ では，係数が大きくなっている。$X_3 \sim X_9$（小さな政府・政府支出削減）は，図2-5では.254と大きいが，図2-6では.162であるから政策的態度の一貫性が減少していると考えられる。

有権者全体（図2-5）と比較して，$X_4 \sim X_9$（政治腐敗防止・政府支出削減），$X_1 \sim X_4$（社会福祉充実・政治腐敗防止），$X_3 \sim X_4$（小さな政府・政治腐敗防止）の係数が大きいということは，社会における正義・平等を求める態度に一貫性があることを示しており，社会的不満の裏返しでもある。図2-5と比較して，$X_6 \sim X_7$（日米安保強化・労働者発言権強化）の係数は極端に大きくなっている。これは労働格差是正などを求める態度が安保強化と結びついており，社会的不満が右傾化をもたらしている一側面を表していると考えられる。

有権者全体と比較すると，安全保障政策（X_2, X_6）の内部関連には一貫性があるが，それと新自由主義（X_3, X_9），参加・福祉（X_1, X_4, X_7）との紐帯は減少しており，単純化されたグラフになっている。

これらの変化を踏まえると，棄権者は第2次安倍政権が構成した政策空間に対して，自己の選好する安全保障政策と新自由主義的政策，さらに労働・福祉政策から構成される政策空間を適応させることができなかったが故に棄権したと考えられる。

4-3-3 自民党投票者の政策空間

共分散選択の結果，RM14とRM15の間で適合度が大きく変化した。RM14の適合度は，$AIC_{14} = -18.982$, $dev(RM14) - dev(RM13) = 9.018 - 7.292 =$

1.726 で $p_{14}=0.189$ である。RM15 の適合度は,$AIC_{15}=-14.796$,$dev(RM15)$ $-dev(RM14)=15.204-9.018=6.186$ で $p_{15}=0.013$ である。よって,RM14 のモデルが最適であると判断できる。RM14 のモデルにおける各係数は表 2-10 に示す。

表 2-10：RM14 の相関係数と偏相関係数

相関係数	X_1 X_2 X_3 X_4 X_6 X_7 X_9	偏相関係数	X_1 X_2 X_3 X_4 X_6 X_7 X_9
X_1(社会福祉充実)	1.000	X_1(社会福祉充実)	----
X_2(防衛力増強)	.062 1.000	X_2(防衛力増強)	.000 ----
X_3(小さな政府)	.018 .001 1.000	X_3(小さな政府)	.000 .000 ----
X_4(政治腐敗防止)	.083 .005 .105 1.000	X_4(政治腐敗防止)	.000 .000 .000 ----
X_6(日米安保強化)	.118 .528 .002 .010 1.000	X_6(日米安保強化)	.096 .525 .000 .000 ----
X_7(労働者発言権強化)	.274 .017 .065 .304 .032 1.000	X_7(労働者発言権強化)	.259 .000 .000 .233 .000 ----
X_9(政府支出削減)	.063 .004 .284 .372 .007 .230 1.000	X_9(政府支出削減)	.000 .000 .263 .314 .000 .124 ----

$AIC_{14}=-18.982$ $dev(RM14)=9.018$ $df=14$

推定結果としてのグラフは図 2-7 に示す。図 2-7 のグラフの辺にある数値は偏相関係数である。対ごとのマルコフ性より（P）が成り立っているから,隣接していない頂点対に着目して,分離定理及び大域的マルコフ性（定理 2.3 補遺 3-3 参照）より（P）→（G）,またグラフ G に従う因数分解性（定理 2.5 補遺 3-3 参照）より（F）→（G）であるから,主な確率変数間の条件付き独立関係は,以下のようになっている。

$X_1 \perp\!\!\!\perp X_2 | X_6$

$X_1 \perp\!\!\!\perp X_3 | (X_7, X_9)$

$X_1 \perp\!\!\!\perp (X_4, X_9) | X_7$

$X_2 \perp\!\!\!\perp X_7 | (X_1, X_6)$

$X_2 \perp\!\!\!\perp X_3 | (X_1, X_6, X_7, X_9)$

$X_2 \perp\!\!\!\perp (X_4, X_9) | (X_1, X_6, X_7)$

$X_3 \perp\!\!\!\perp (X_4, X_7) | X_9$

$X_3 \perp\!\!\!\perp X_6 | (X_1, X_7, X_9)$

$X_6 \perp\!\!\!\perp X_7 | X_1$

図 2-7：2014 年の自民党投票者よる無向独立グラフ　N＝443

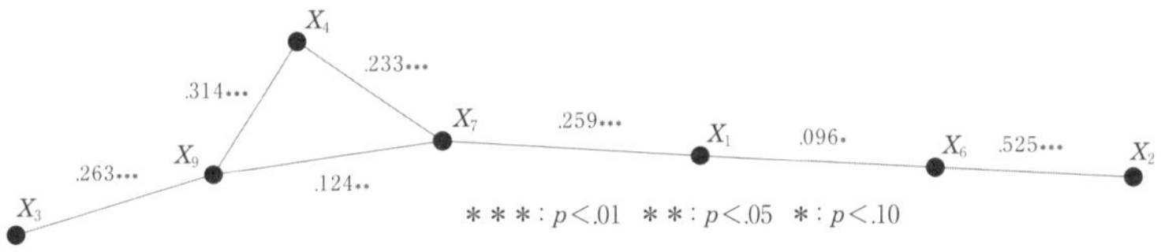

＊＊＊：$p<.01$　＊＊：$p<.05$　＊：$p<.10$

　表 2-3 の因子分析の結果と表 2-10 の偏相関係数を対照させると，各因子を構成する変数間の係数は大きく一貫性がある。しかし，それらを繋ぐ紐帯が，1983 年の有権者全体（図 2-1），1993 年の有権者全体（図 2-3），2014 年の有権者全体（図 2-5）よりも少ない。だが，図 2-7 は 1993 年の自民党投票者（図 2-4）のグラフとは酷似している。図 2-7 の紐帯の少なさは，複数の政策選好を関連させて考える態度が小さいことを示す。よって，自民党投票者は，因子分析による各因子の内部では選好の一貫性をもつが，それらを繋ぐ紐帯は少なく，全体として政策体系を単純化して捉えている。この単純化の意味は 2 通り考えられる。1 つは文字通り，思考停止での単純化であるが，もう 1 つは熟慮した結果としての合理的な単純構造である。はたして，どちらなのであろうか。各変数間の辺の構成をみると保革イデオロギー，特に保守イデオロギーの観点からみれば合理的一貫性は存在する。そうならば，確固たる信念体系としての政策空間である。しかし，この構造は単純であるが故に，自民党投票者のある種の脆弱性を示していると考えられる。

　では，その脆弱性とは何なのであろうか。図 2-5 の全有権者と比較すると，各変数間の紐帯が極端に少なくなっており，直線的構造となっている。これは，政策体系を近視眼的にみていることに他ならない。因子を変数群としてみたときに，新自由主義（X_3, X_9），参加・福祉（X_1, X_4, X_7）と安全保障（X_2, X_6）を繋ぐのは X_1（社会福祉充実）だけである。よって，X_1 を一定とすると，安全保障と新自由主義を構成する変数は独立となる。現在の日本人の暮らし向きは余裕のあるものではなく，高齢者福祉などは喫緊の課題であり，低所得者層だけでなく社会福祉の需要は全体として大きい。よって，社会動向の

変化により，自民党投票者の安全保障政策と新自由主義的正策の選好が変化して，政策空間が全体的に混乱する可能性もある。では，この安全保障政策と新自由主義的政策を取り巻く問題点の所在を検証するために，図2-7のグラフをX_1を中心に右側と左側に分割して順次検証する。

まず，左側のX_1（社会福祉充実），X_6（日米安保強化），X_2（防衛力増強）から構成される部分を検証する。この部分で重要なのは，$X_1 \perp\!\!\!\perp X_2 | X_6$が成り立っており，$X_1 \sim X_2$の相関係数が従来は負値であったのが，正値になったことである。X_1（社会福祉充実）とX_2（防衛力増強）の関係を各年の最適なRMモデルの相関係数からみると，1983年の有権者全体（表2-4）では－.125であり1％有意水準で負の相関係数を示していた。1983年の自民党投票者（表2-5）では，－.044であり有意ではないが負の相関を示していた。1993年の有権者全体（表2-6）では，－.053であり5％有意水準で負の相関係数を示していた。1993年の自民党投票者（表2-7）では，.022であり有意ではないが正の相関係数を示していた。2014年の有権者全体（表2-8）では，－.010と有意ではないが負の相関係数を示す。ただし，FMの標本相関係数では－.047と負の相関係数を示し10％水準で有意である。1993年の自民党投票者を除いて，これらのことは見かけは，社会福祉拡充を求める人は防衛力増強を求めていないことを示す。だが，これらの関係の大部分は偏相関にするとゼロであり，X_1（社会福祉充実）とX_2（防衛力増強）はいくつかの確率変数を条件として独立している。しかし，2014年の自民党投票者（表2-10）ではRM14の$X_1 \sim X_2$の相関係数は.062で正値であり15％水準にすると有意である。FMでは.082で10％有意水準で有意である。よって，見かけ上は福祉拡充を求める人は防衛力拡大も求めているのである。このことが彼らの脆弱性を示しており，$X_1 \perp\!\!\!\perp X_2 | X_6$がその構造なのである。この脆弱性は2つの要因からもたらされる。第1の要因は，X_6の分布が変化することにより$X_1 \sim X_2$が顕在化する可能性である。$X_1 \sim X_2$の顕在化は，格差社会における有権者の閉塞感と社会的不満が右傾化と連動することを表わす。さらに，図2-7の$X_1 \perp\!\!\!\perp X_2 | X_6$を基本とする自民党投票者の近視眼的政策選好を作り出す直線的構造が問題なのであり，それが第2の要因

を作り出す。第 2 の要因は，$X_1 \perp\!\!\!\perp X_2|X_6$ が存在していても，$X_1 \sim X_6 \sim X_2$ という辺が存在することで，X_1 と X_2 には間接効果が存在し，経年変化では間接効果が徐々に大きくなっていることである。

1 つめの要因を検討してみる。現在の日本の政治体制における日米安保体制の捉え方には賛否両論ある。そこで，X_6（日米安保強化）の選好で層化すると $X_1 \perp\!\!\!\perp X_2|X_6$ が成り立つ。ただし，これは RM14 のもとでの理解であることに留意しなくてはならない。2014 年の自民党投票者で X_1（社会福祉充実）と X_2（防衛力増強）の相関係数が RM14 で .062 と正値になったことを，データの変化から捉えると以下のように説明できる。自民党投票者の各 RM における $X_1 \sim X_6$ と $X_2 \sim X_6$ の相関係数の推移を整理してみると次のようになる。

1983 年の $X_1 \sim X_6$ の相関係数は .071（5%水準で有意）。
1983 年の $X_2 \sim X_6$ の相関係数は .311（1%水準で有意）。
1993 年の $X_1 \sim X_6$ の相関係数は .093（1%水準で有意）。
1993 年の $X_2 \sim X_6$ の相関係数は .234（1%水準で有意）。
2014 年の $X_1 \sim X_6$ の相関係数は .118（1%水準で有意）。
2014 年の $X_2 \sim X_6$ の相関係数は .528（1%水準で有意）。

これらの相関係数の推移をみると，$X_1 \sim X_6$ と $X_2 \sim X_6$ はともに相関関係を強くしているのである。ここで，図 2-7 において $X_1 \perp\!\!\!\perp X_2|X_6$ であり，$X_1 \sim X_6$ に介在する変数は存在しない。したがって，$X_1 \sim X_6$ が疑似相関であることはない。同様に，$X_2 \sim X_6$ に介在する変数は存在しない。したがって，$X_2 \sim X_6$ が疑似相関であることもない。よって，1983，1993 年の各 RM（1993 年の自民党投票者の RM8 を除く）で，有意か否かは別として，これまで $X_1 \sim X_2$ が負値であったにもかかわらず，2014 年に明確に正値で有意になったことは，$X_1 \sim X_6$ と $X_2 \sim X_6$ の相関関係の変化が原因である。つまり，1983 年から 2014 年にかけて $X_1 \sim X_6$ と $X_2 \sim X_6$ の相関係数が大きくなったことにより，$X_1 \sim X_2$ が正値で大きくなって現れたのである。また，自民党投票者は 1983 年から 2014 年にかけて，X_2（防衛力増強）では肯定的態度が増加して，中立的態度が減少していることも $X_1 \sim X_2$ の相関係数を大きくした遠因であろう[10]。

表 2-11：2014 年自民党投票者による X_1, X_2, X_6 の三元分割表

X_1（社会福祉充実）	X_6（日米安保強化）							
	否定			中立			肯定		
	X_2（防衛力増強）			X_2（防衛力増強）			X_2（防衛力増強）		
	否定	中立	肯定	否定	中立	肯定	否定	中立	肯定
否定	8	1	5	5	14	21	0	4	36
中立	2	2	4	8	45	28	3	9	48
肯定	11	5	3	12	28	43	4	7	87

（元データの(1)(2)を否定，(3)を中立，(4)(5)を肯定としてある。）

　しかし，モデルの適合度指標からみれば RM14 の $X_1 \perp\!\!\!\perp X_2 | X_6$ 条件付き独立の関係が成り立つ。2014 年の自民党投票者の RM14 や FM の相関係数は見せかけだけなのであろうか。標本数が少ないことから層別相関係数の棄却限界値は大きくなり統計的に有意とはならないが，データの分布だけでも示しておく。2014 年の自民党投票者の X_1, X_2, X_6 を三元分割表で少し詳しく観てみる。表 2-11 が三元分割表である。X_1（社会福祉充実）の中立から肯定，かつ X_6（日米安保強化）の中立から肯定で X_1 と X_2 を肯定する選好が目立つ。よって，2014 年の FM での標本相関係数が .081 で 10％水準で有意であったことを併せて考えるならば，X_1 と X_2 は間違いなく関連を強めいている。

　このことは，2 つめの要因である $X_1 \sim X_6 \sim X_2$ の辺が存在することによる間接効果を検討することから明らかになる。図 2-9（2014 年の自民党投票者）の $X_1 \sim X_6$ の係数と $X_6 \sim X_2$ の係数の積が $X_1 \sim X_2$ の間接効果である。よって，間接効果は .096 × .525 = .051 となる。この関係は図 2-4（1993 年の自民党投票者）にもあり，図 2-4 の係数で計算すると，.077 × .233 = .018 である。これら 2 つの値を比較すれば，間接効果が大きくなっていることは，すぐに理解できる。したがって，RM14 では $X_1 \perp\!\!\!\perp X_2 | X_6$ であるが，そこに至る経時変化をみるならば，X_6 の変化も影響して，X_1 と X_2 の関連は強まってきている。

　この変化は，自民党投票者において一部の社会福祉拡充を求める声が，徐々にではあるが戦後保守主義の域を越えつつある状況を示していると考えられる。

　では，次に右側の X_3, X_9, X_4, X_7, X_1 から構成される部分を検証する。

この$X_1 \perp\!\!\!\perp X_2|X_6$を成り立たせた遠因が，$X_3$，$X_9$，$X_4$，$X_7$の存在であり，それは新自由主義の浸潤とその帰結としての失望感である。自民党投票者だけでなく多くの有権者は，1980年代以来のX_3（小さな政府）の必要性は理解しており，財政赤字の状況を考えれば政府の適正規模を考慮し，X_9（政府支出削減）を求める。よって，$X_3 \sim X_9$は.263と大きい値を示す。しかし，2014年の社会状況は，格差社会と金権スキャンダルの多発である。よって，小さな政府に賛同するもその見返りとしてX_9（政府支出削減＝無駄遣いを止める）を求める選好はX_7（労働者発言権強化＝非正規雇用労働者問題の改善）と結びつくのである。これと同時に，X_9（政府支出削減）はX_4（政治腐敗防止＝金権スキャンダルへの批判）と強く結びつくのである。そして，「政治腐敗防止」は政治家に対する強い憤りの裏返しとしてX_7（労働者発言権強化）へと結びつくのである。最終的にX_7（労働者発言権強化）がX_1（社会福祉充実）に結びつくのは当然の帰結である。

ただし，今回の2014年データにはアベノミクスに関わるデータが無い。したがって，自民党投票者が最優先でアベノミクスを評価したことにより，安全保障の変数（X_2, X_6）が新自由主義の変数（X_3, X_9）から独立した可能性もある。しかし，安全保障を重視したにせよアベノミクスを評価したにせよ，自民党投票者に$X_1 \perp\!\!\!\perp X_2|X_6$の構造があることが，現代日本の政党と有権者の脆弱性を示している。さらに，$X_1 \sim X_3$の欠如と$X_2 \sim X_6$の係数が大きくなっていることは，保守化を越えてさらに右傾化したことの現れであると考えられる。これらのことを踏まえて，X_2の背後に排外主義的態度があるならば図2-7の非常に単純化された構造は，保守的な合理性を維持しつつも，社会的不満の解消を防衛力増強（≒排外主義的態度）に求める態度はいささか思慮の浅い構造とも考えられる。図2-7とほぼ同じ構造が1993年（図2-4）から出現していたのであるから，1990年代半ば以降の経済状況の悪化から一部の有権者は静かに変質していたのである。

5. おわりに

　本章では，第2次安倍政権が作り出した政策空間に対して，2014年総選挙で有権者が如何なる政策空間を持っていたのかをグラフィカルモデリングで分析した。政策空間の析出は因子分析で行われることが先行研究では多かった。しかし，その方法では因子という潜在変数であるが故に，個々の変数間の関連性は不明瞭であった。グラフィカルモデリングで明らかになった主要な点は，以下の4点である。

　(1)新自由主義は1983年，1993年では多くの有権者に理解されているとは言い難く，有権者は他の政策と関連付けることができていない。しかし，2014年では，多くの有権者は新自由主義の必要性を認めつつも，新自由主義が社会の大きな対立軸となっている。

　(2)1983年から比較すると2014年の有権者全体は，安全保障政策間の紐帯が強くなっており保守化している。しかし，政策空間全体としてみると福祉や労働問題に関しては施策に課題が多く残り，新たな保革対立の基底となっている。もちろん，この福祉拡充・労働問題解決の肯定的態度を従来の革新と同一視して良いのか否かは議論の余地が残る。

　(3)2014年総選挙は，戦後最も棄権率の高い選挙であった。棄権者の特徴は有権者全体と比較すると政策間の関連性を少なくして，政策空間を単純化させている。この単純化を遠因として，労働問題に関する社会的不満が防衛力拡大などに結び付くことにより保守化＝右傾化がみられる。

　(4)2014年総選挙で自民党に投票した有権者の政策空間は非常に単純である。この単純化された構造には脆弱性がある。したがって，新自由主義の浸潤により社会的不満が増加し，外交関係の変化が排外主義などを蔓延らせた際には，彼らの一部は戦後保守主義の域を越えて変容していく可能性がある。

　安倍政権は小泉政権と同様にワンフレーズポリティクスを用いてきた。さらに，ここ数年来の領土問題，世界規模のテロなどの国際環境の悪化がある。

このような環境の中で，安倍政権は経済政策で3本の矢を論じ，安全保障政策では集団的自衛権，改憲を論じてきた。したがって，安全保障政策を中心に自民党の政策空間は大きく変化した。このような変化の中でも多くの有権者の政策選好からなる政策空間の構造は大きくは変化していないが，その変数（政策選好）間の関連性の強さからみると，保守化している部分と，革新化している部分がある。これらは21世紀になってからの国際環境の変化，領土問題での保守化＝右傾化，さらに非正規労働者増加にみられる労働問題の拡大，社会福祉の需要拡大に起因すると考えられる。これら2つの要因により，冷戦終結以前ならば保革対立の再燃となるが，新自由主義という対立軸の存在が大きくなり，社会的対立軸全体が変化することにより，2014年総選挙は労働環境問題に対する社会的不満が安全保障政策の選好で一部有権者の右傾化をもたらしたのである。

1) **JES調査データ**：1983年6月26日の第13回参議院選挙直後，同年12月18日の第37回衆議院総選挙の前後に行われた3つデータからなるパネル調査である。調査企画者は，綿貫譲治，三宅一郎，猪口孝，蒲島郁夫である。データの使用を許可してくださった諸先生方に感謝申し上げる。
2) 各変数の質問項目は，以下のとおりである。X_4（政治腐敗防止）「ロッキード事件にあらわれたような金権政治や政治腐敗はこの際，徹底的に正すべきだ」，X_7（労働者発言権強化）「労働者は重要な決定に関して，もっと発言権を持つべきだ」，X_1（社会福祉充実）「年金や老人医療などの社会福祉は財政が苦しくても極力充実するべきだ」，X_3（小さな政府）「政府のサービスが悪くなっても金のかからない小さな政府のほうがよい」，X_6（日米安保強化）「日米安保体制は現在よりもっと強化すべきだ」，X_2（防衛力増強）「日本の防衛力はもっと強化すべきだ」。これらの質問に対する選択肢は，1. 反対，2. どちらかといえば反対，3. どちらともいえない，4. どちらかといえば賛成，5. 賛成，である。
3) **JESⅡ調査データ**：1993年7月18日の第40回衆議院総選挙の前後に実施された2つの面接調査によるパネルデータ，1994年2月の郵送調査，1995年の7月後半の郵送調査，1996年10月20日の第41回衆議院総選挙の前後に実施された2つの面接調査によるパネルデータの全部で7つのデータから構成される，大規模パネルデータである。調査企画者は，綿貫譲治，三宅一郎，蒲島郁夫，小林良彰，池田謙一である。データの使用を許可してくださった諸先生方に感謝申し上げる。

4) 各変数の質問項目は，以下のとおりである。X_4（政治腐敗防止）「佐川急便事件にあらわれたような金権政治や政治腐敗は，この際徹底的に正すべきだ」，X_7（労働者発言権強化）「労働者は重要な決定に関して，もっと発言権を持つべきだ」，X_1（社会福祉充実）「年金や老人医療などの社会福祉は財政が苦しくても極力充実するべきだ」，X_3（小さな政府）「政府のサービスが悪くなっても金のかからない小さな政府のほうがよい」，X_6（日米安保強化）「日米安保体制は現在よりもっと強化すべきだ」，X_2（防衛力増強）「日本の防衛力はもっと強化すべきだ」。これらの質問に対して，あなたはこの意見に賛成ですか，反対ですかと尋ねている。選択肢は，1. 反対，2. どちらかといえば反対，3. どちらともいえない，4. どちらかといえば賛成，5. 賛成，である。

5) 調査主体は中央大学社会科学研究所，研究チーム「政治的空間における有権者」（主査：三船毅）である。調査の実施は株式会社日経リサーチに委託した。対象者は日経リサーチアクセスパネル登録者である。調査地域は日本全国，20～69歳の男女である。回収サンプルは1450である。

6) 各変数の質問項目は，以下のとおりである。X_6（日米安保強化）「日米安全保障体制をもっと強化すべきだ」，X_2（防衛力増強）「日本の防衛力はもっと強化すべきだ」，X_9（政府支出削減）「政府の支出は今よりも削減すべきだ」X_3（小さな政府）「政府のサービスが悪くても小さな政府の方がよい」，X_4（政治腐敗防止）「金権政治や政治腐敗をただすべきだ」，X_7（労働者発言権強化）「非正規雇用者を含め労働者の発言権をもっと強化すべきだ」，X_1（社会福祉充実）「社会福祉は，財政が苦しくても極力充実すべきだ」。これらの質問に対する選択肢は，1. そう思わない，2. あまりそう思わない，3. どちらともいえない，4. ややそう思う，5. そう思う，である。

7) グラフィカルモデリングでは，量的データでは後述する共分散選択という方法からグラフを構成する。質的データでは対数線型モデルからグラフを構築する。

8) 証明は宮川（1997，51頁）参照のこと。

9) 証明は宮川（1997，52頁）参照のこと。

10) 各調査データでの自民党投票者の X_2 の回答比率（%）である。
    1983年のJESデータでは，(1) 4.5 (2) 4.8 (3) 70.6 (4) 11.3 (5) 8.8
    1993年のJES2データでは，(1) 8.8 (2) 12.1 (3) 55.0 (4) 13.2 (5) 10.9
    2014年の調査データでは，(1) 0.7 (2) 8.6 (3) 46.0 (4) 29.8 (5) 14.7

参 考 文 献

1. Black, Duncan (1958) *The Theory of Committees and Elections*, New York: Cambridge University Press.
2. Dempster, A. P. (1972) "Covariance selection". *Biometrics*, 28, pp. 157-175.
3. Downs, Anthony (1957) *An Economic Theory of Democracy*. New York: Harper Collins Publishers.（古田精司［訳］（1980）『民主主義の経済理論』，成文

堂).
4. Enelow, James M. and Melvin J. Hinich (1984) *The Spatial Theroy of Voting An Introduction*. Cambridge: Cambridge University Press.
5. Enelow, James M. and Melvin J. Hinich, eds. (1990) *Adovances in the Spatial Theroy of Voting*. Cambridge: Cambridge University Press.
6. Eysenck, H. j. (1954) *The Psychology of Politics*, London: Routeldge.
7. Hayek, Friedrich A. (1944) *The Road to Serfdom*, London: George Routledge and Sons.
8. Hotelling, Harold (1929) "Stability in Compitition," *Economic Journal*, March, 39, pp. 41-57.
9. Marchetti, Giovanni M , Mathias Drton, Kayvan Sadeghi (2015) https://cran.r-project.org/web/packages/ggm/ggm.pdf
10. Hinich, Melvin J., John O. Ledyard and Peter C. Ordeshook (1973) "A Theory of Electoral Equilibrium: A Spatial Analysis Based on the Theory of Games," *Journal of Politics*, Vol.35, pp. 154-93.
11. Schofield, Norman and Itani Sened (2006) *Multiparty Democracy: Electiona and Legislative Politics*. New York: Cambridge University Press.
12. Wermuth,N. and Scheidt,E. (1977) Fitting a covariance selection to a matrix. Algorithm AS 105. *Apple Statist*, 26, pp. 88-92.
13. Wilson,Robin J. (1996) *Introduction to Graph Theory* 4th ed.,Addison Wesley. (西関隆夫・西関裕子 [共訳] (2001)『グラフ理論入門 原書第4版』近代科学社)。
14. 石川真澄 (2004)『戦後政治史 新版』岩波新書。
15. 蒲島郁夫, 竹中佳彦 (1996)『現代日本人のイデオロギー』東京大学出版会。
16. 蒲島郁夫, 竹中佳彦 (2012)『イデオロギー』東京大学出版会。
17. 佐道明広 (2012)『「改革」政治の混迷』吉川弘文館。
18. 日本品質管理学会・テクノメトリックス研究会 [編] (1999)『グラフィカルモデリングの実際』日科技連。
19. 松原望 (2003)『入門確率過程』東京図書。
20. 御厨貴 (2009)『政治の終わり,政治の始まり―ポスト小泉から政権交代まで』藤原書店。
21. 宮川雅巳 (1997)『グラフィカルモデリング』朝倉書店。

補遺　グラフィカルモデリングの数学的基礎

1．グラフィカルモデリングの基礎： 確率変数の条件付き独立

　グラフィカルモデリングは多次元確率変数による偏相関係数の関係を有向・無向・連鎖の独立グラフで表し，確率変数間の関係を解釈する。このときに必要となる概念は，確率変数の条件付き独立である。まず，事象の条件付き独立を理解し，確率変数の条件付き独立の性質を確認する。

　3つの事象を A, B, C としたときに，事象 A が生起する確率を $P(A)$ とする。同様に B が生起した確率を $P(B)$ とする。事象 B が生起したという条件の下で A が生起する確率が条件付き確率であり，(1)式で定義される。

$$P(A|B) = \frac{P(A \cap B)}{P(B)} \quad (ただし, P(B) > 0 である) \quad (1)$$

A と B が独立とは，

$$P(A \cap B) = P(A)P(B) \quad (2)$$

が成り立つことである[1]。

　事象 A と B が独立であることを $A \perp\!\!\!\perp B$ と表す[2]。

　3つの事象 A, B, C があり，事象 C が生起したという条件の下で，A と B が条件付き独立である条件は，

$$P(A \cap B|C) = P(A|C)P(B|C) \quad (3)$$

であり，これを $A \perp\!\!\!\perp B \mid C$ と表す（宮川，1997, 26頁）。

　次に，事象を確率変数に拡張して条件付き独立を定義する。ここで，表記に関して注意しておく。一般に確率変数 X が値 x をとる確率 $P(X=x)$ は x の関数であり，その関数を $f(x)$ と記し（松原，2003, 13頁）X が離散確率変数のとき $f(x)$ を確率関数といい，X が連続確率変数のとき $f(x)$ を確率密度関数という。

2つの離散確率変数を X, Y として, $X=x$ であり同時に $Y=y$ である確率 $P(X=x, Y=y)$ を (X, Y) の同時確率分布という。$f(x,y)$[3] を同時確率関数[4]といい, $0 \leq f(x,y) \leq 1$ かつ $\sum_x \sum_y f(x,y) = 1$ を満たす。

2つの連続確率変数を X, Y として同時分布を考えると, $f(x,y)$ は同時確率密度関数であり, $0 \leq f(x,y) \leq 1$ かつ $\int_{-\infty}^{\infty} \int_{-\infty}^{\infty} f(x,y) = 1$ を満たす。このとき X, Y が区間 $a_0 \leq X \leq a_1$, $b_0 \leq Y \leq b_1$ の値をとる確率は, $\int_{a_0}^{a_1} \int_{b_0}^{b_1} f(x,y)\,dxdy$ で表される。以下, 特に断らない限り確率変数は連続的確率変数として扱い, グラフィカルモデリングを説明する。同時確率分布から X と Y の個別の分布が求められ, それらを周辺確率分布という。

X の周辺確率分布とは, Y の値にかかわらずに X の確率分布を表したものであり, y について積分した形で表され, $g(x) = \int_{-\infty}^{\infty} f(x,y)\,dy$ となる[5]。同様に Y の周辺分布は, x について積分した形で表され, $h(y) = \int_{-\infty}^{\infty} f(x,y)\,dx$ となる。

このことは, 3変数 X, Y, Z でも成立する。$f(x,y,z)$ を同時確率密度関数として, X, Y の区間に加えて Z が $c_0 \leq Z \leq c_1$ となる確率は $\int_{a_0}^{a_1} \int_{b_0}^{b_1} \int_{c_0}^{c_1} f(x,y,z)\,dxdydz$ で表される。このとき z を一定とした2次元周辺確率分布は $k(x,y) = \int_{-\infty}^{\infty} f(x,y,z)\,dz$ となる。y と z を一定とした1次元周辺確率分布は $l(x) = \int_{-\infty}^{\infty} \int_{-\infty}^{\infty} f(x,y,z)\,dydz$ となる。

同時確率密度関数から得られる周辺確率分布から, 条件付き確率密度関数は $f(x, y, z)$ においていずれかの確率変数について周辺を積分したものであることが理解できる。たとえば, z について周辺を積分すれば条件付き2次元周辺密度関数となる。それは z をある値に固定したときの $f(x, y, z)$ であるから, 条件付き確率と同様に考えることができる。条件付き2次元周辺密度関数は, $f(x,y|z) = f(x,y,z)/f(z)$ と表される。同様に条件付き1次元周辺密度関数は, $f(x|z) = f(x,z)/f(z)$, $f(y|z) = f(y,z)/f(z)$ と表される(宮川, 1997, 27頁)。

確率変数の独立性は, (2)式と同様にすべての x と y に対して $f(x,y) = f(x)f(y)$ が成り立つことである。このとき確率変数 X と Y は独立であり, $X \perp\!\!\!\perp Y$

と表す。確率変数の独立性の定義から次の4つの定理が成り立つ（宮川，1979，27-29頁）。

【定義1】 確率変数の独立性の定義

すべての x, y, z の値に対して，

$$f(x,y|z) = f(x|z)f(y|z) \tag{4}$$

が成り立つとき，X と Y は Z を与えた下での条件付き独立といい，$X \perp\!\!\!\perp Y|Z$ と表す。

この定義は(3)式 $P(A \cap B|C) = P(A|C)P(B|C)$ を確率密度関数として表したものである[6]。(4)式と条件付き密度関数の定義から

$$f(x,y,z) = f(x,z)f(y,z)/f(z) \tag{5}$$

が導き出される。(5)式の意味は，条件付き独立が成り立つための必要十分条件であるが，実際の分析と解釈で重要となるのは，確率変数の独立性から因数分解基準を中心として導かれる定理【1.1】～【1.4】である[7]。

【定理1.1】 因数分解基準

$X \perp\!\!\!\perp Y|Z$ の必要十分条件は，同時確率密度関数 $f(x,y,z)$ に対して

$$f(x,y,z) = g(x,z)h(y,z) \tag{6}$$

を満たす関数 g と h が存在することである。

【定理1.2】 $X \perp\!\!\!\perp Y|Z$ かつ $X \perp\!\!\!\perp Z|Y$ ならば，$X \perp\!\!\!\perp (Y,Z)$ である。

【定理1.3】 4つの確率変数 X, Y, Z_1, Z_2 において $X \perp\!\!\!\perp Y|(Z_1,Z_2)$ かつ $X \perp\!\!\!\perp Z_1|(Y,Z_2)$ ならば，$X \perp\!\!\!\perp (Y,Z_1)|Z_2$ である。

【定理1.4】 4つの確率変数 X, Y_1, Y_2, Z において $X \perp\!\!\!\perp (Y_1,Y_2)|Z$ ならば $X \perp\!\!\!\perp Y_1|Z$ である。

これらの確率変数の条件付き独立は確率変数間の関係を規定し，グラフを解釈するときの基礎となる。だが，さらに確率変数間の関係を考察するうえで重要な役割を果たすのはマルコフ連鎖の確率過程である。確率過程とは確率変数の時間的変化である。マルコフ連鎖は，確率変数 X_{n+1} がある値をとる確率が X_n の結果のみに依存している確率過程であり(7)式で表される。

$$f(x_{n+1}|x_1, x_2, ..., x_{n-1}, x_n) = f(x_{n+1}|x_n) \tag{7}$$

(7)式は次のように証明できる。3つの事象 A, B, C において，$A \perp\!\!\!\perp B | C$ のとき，(8)式が成り立つ。

$$P(A|B,C) = P(A|C) \tag{8}$$

これは(1)式の条件付き確率の定義より，

$$P(A|B,C) = \frac{P(A \cap B \cap C)}{P(B \cap C)} = \frac{P(A \cap B \cap C)}{P(C)P(B|C)} = \frac{P(A \cap B|C)P(C)}{P(C)P(B|C)} = \frac{P(A \cap B|C)}{P(B|C)}$$

である。また，$A \perp\!\!\!\perp B | C$ は(3)式より，$P(A \cap B|C) = P(A|C)P(B|C)$ であるから，これを上式の右辺に代入すれば(8)式となる。これらのことから，(7)式は(4)式を基にして(9)式として表すことができる。

$$f(x_1,...,x_{n-1}, x_{n+1} | x_n) = f(x_{n+1} | x_n) f(x_1,...,x_{n-1} | x_n) \tag{9}$$

マルコフ連鎖は X_{n+1} の分布が「直前」の X_n にのみ依存することを意味する。よって，式(9)は X_n を所与とすると，X_{n+1} と X_1, ..., X_{n-1} は条件付き独立であることも意味している。グラフィカルモデリングでは，この「直前」を「隣接」に解釈することで，グラフにおいてマルコフ性を成り立たせることができる。これらの定理は，確率変数を確率ベクトルと置き換えても成立する（宮川，1997，29–30頁）。

2．グラフィカルモデリングの基礎： 多変量正規分布での条件付き独立

確率変数 X_1, ..., X_p のそれぞれが正規分布をするとき，それらは全体として p 次元正規分布と考えることができる。この分布を p 次元多変量正規分布といい，(10)式の確率密度関数で表される。

$$f(\boldsymbol{x}) = \frac{1}{\sqrt{(2\pi)^p |\Sigma|}} \exp\left\{-\frac{1}{2}(\boldsymbol{x}-\boldsymbol{\mu})' \Sigma^{-1} (\boldsymbol{x}-\boldsymbol{\mu})\right\} \tag{10)[8]}$$

グラフィカルモデリングを行う上で，多変量正規分布の重要な性質は次の [1] ～ [6] である（宮川，1997，31–35頁）。

[1] 任意の $1 \leq i \leq p$ について，X_i は平均 μ_i，分散 σ_{ii} の正規分布に従う。μ_i

は$\boldsymbol{\mu}$の第i要素であり，σ_{ii}はΣの第i対角要素である。分散共分散行列における分散はσ_i^2と一般には表記されるが，本稿では宮川（1997, 31頁）にならい分散をσ_{ii}と表記する。

[2] 任意の$1 \leq i < j \leq p$について，2つの確率変数(X_i, X_j)は平均ベクトル$(\mu_i, \mu_j)'$，分散共分散行列Σの2次元正規分布に従う。このとき，2変数の相関係数は(11)式で表される。$\sigma_{ij} = 0$のときに無相関であり，X_iとX_jは独立である。

$$\rho_{ij} = \frac{\sigma_{ij}}{\sqrt{\sigma_{ii}}\sqrt{\sigma_{jj}}} \tag{11}$$

[3] 任意の$i \neq j$について，$X_j = x_j$を与えたときのX_iの条件付き確率密度関数の分布は，(12)式の正規分布となる。

$$\left.\begin{array}{l} 平均: \mu_i + \frac{\sigma_{ij}}{\sigma_{jj}}(x_j - \mu_j) \\ 分散: \sigma_{ii} - \frac{\sigma_{ij}^2}{\sigma_{jj}} = \sigma_{ii}(1 - \rho_{ij}^2) \end{array}\right\} \tag{12}$$

[4] p次元確率ベクトル$\boldsymbol{X} = (X_1, ..., X_p)'$を2つに分割し，

$\boldsymbol{X} = \begin{pmatrix} \boldsymbol{X}^{(1)} \\ \boldsymbol{X}^{(2)} \end{pmatrix}$, $\boldsymbol{X}^{(1)} = (X_1, ..., X_q)'$, $\boldsymbol{X}^{(2)} = (X_{q+1}, ..., X_p)'$，とする。

$\boldsymbol{\mu}$とΣを以下のように分割する。

$$\boldsymbol{\mu} = \begin{pmatrix} \boldsymbol{\mu}^{(1)} \\ \boldsymbol{\mu}^{(2)} \end{pmatrix}$$

$$\Sigma = \begin{pmatrix} \Sigma_{11} & \Sigma_{12} \\ \Sigma_{21} & \Sigma_{22} \end{pmatrix} \tag{13}$$

このとき，$\boldsymbol{X}^{(1)}$は$N(\boldsymbol{\mu}^{(1)}, \Sigma_{11})$に，$\boldsymbol{X}^{(2)}$は$N(\boldsymbol{\mu}^{(2)}, \Sigma_{22})$に，それぞれ従う。$\Sigma_{12} = 0$のとき，$\boldsymbol{X}^{(1)}$と$\boldsymbol{X}^{(2)}$の任意の要素が独立である。

[5] $\boldsymbol{X}^{(2)} = \boldsymbol{x}^{(2)}$を与えたもとでの$\boldsymbol{X}^{(1)}$の条件付き分布は，平均ベクトルが$\boldsymbol{\mu}^{(1)} + \Sigma_{12}\Sigma_{22}^{-1}(\boldsymbol{x}^{(2)} - \boldsymbol{\mu}^{(2)})$

分散共分散行列が$\Sigma_{11} - \Sigma_{12}\Sigma_{22}^{-1}\Sigma_{21}$の$q$次元正規分布に従う。

ここまでの [1] ～ [5] の性質をもとにして，条件付き独立の必要十分条件が導出できる。$\Sigma = (\sigma_{ij})$の逆行列を$\Sigma^{-1} = (\sigma^{ij})$と表わす。$\Sigma^{-1} = (\sigma^{ij})$は分散共分散行列の逆行列の要素である。(13)式と同じ次数で$\Sigma^{-1} = (\sigma^{ij})$を分割して，

$$\Sigma^{-1} = \begin{pmatrix} \Sigma^{11} & \Sigma^{12} \\ \Sigma^{21} & \Sigma^{22} \end{pmatrix}$$

とすると，逆行列の性質から

$$(\Sigma^{11})^{-1} = \Sigma_{11} - \Sigma_{12}\Sigma_{22}^{-1}\Sigma_{21} \tag{14}$$

となり，これは [5] の分散共分散行列と一致する[9]。

ここから，仮に(13)式での分割で，$q=2$ とすると，Σ^{-1}の分割行列Σ^{11}は，

$$\Sigma^{11} = \begin{pmatrix} \sigma^{11} & \sigma^{12} \\ \sigma^{21} & \sigma^{22} \end{pmatrix}$$

であり，

$$(\Sigma^{11})^{-1} = \frac{1}{\sigma^{11}\sigma^{22} - \sigma^{12}\sigma^{22}} \begin{pmatrix} \sigma^{22} & -\sigma^{12} \\ -\sigma^{21} & \sigma^{11} \end{pmatrix}$$

は，$X_3,...,X_p$を与えたときのX_1とX_2の条件付き確率分布の分散共分散行列 $\Sigma_{11} - \Sigma_{12}\Sigma_{22}^{-1}\Sigma_{21}$ となる。よって，ここから$(\Sigma^{11})^{-1}$の非対角要素が 0 ($\sigma^{12} = 0 = \sigma^{21}$)ならば，$X_3,...,X_p$を与えたときに，$X_1$と$X_2$は条件付き独立となるのである。

この条件付き確率分布における相関係数が偏相関係数（$\rho_{ij \cdot rest}$）である。$q=2$のときは(15)式となる。

$$\rho_{12 \cdot rest} = \frac{-\sigma^{12}}{\sqrt{\sigma^{11}}\sqrt{\sigma^{22}}} \qquad (rest=3, 4, ..., p である。) \tag{15}$$

これは任意の $1 \le i < j \le p$ においても成り立つ。p個の変量からなる多変量正規分布の相関行列を$\Pi = (\rho_{ij})$，その逆行列を$\Pi^{-1} = (\rho^{ij})$とすると，X_iとX_jの偏相関係数は(16)式となる（宮川，1997, 34 頁）。

$$\rho_{ij \cdot rest} = \frac{-\rho^{ij}}{\sqrt{\rho^{ii}}\sqrt{\rho^{jj}}} \qquad (rest=\{1, 2, ..., p\} \setminus \{i, j\} である。) \tag{16}$$

よって，ここから多変量正規分布の性質 [6] として「条件付き独立の必要十分条件」が導出される。

[6] X_iとX_jが，その他のすべての確率変数を与えたときに，条件付き独立 $X_i \perp\!\!\!\perp X_j \mid (X_1, X_2, ..., X_p \setminus X_i, X_j)$ となる必要十分条件は，Σ^{-1}の要素(ij)が $\sigma^{ij} = 0$ となること，つまり偏相関係数$\rho_{ij \cdot rest} = 0$となることである（宮川，1997, 35 頁）。

3. 無向独立グラフとマルコフ性

3-1 グラフィカルモデリングにおける無向独立グラフ

 グラフィカルモデリングは，最終的に確率変数間の関係を条件付き独立という形で表して解釈する。このときに，確率変数間の関係において因果関係が明確に想定できる場合とできない場合がある。明確に因果関係が想定できる場合のグラフは有向独立グラフ，連鎖独立グラフ，想定できない場合が無向独立グラフとなる。

 本章で用いた確率変数では確率変数間の時間関係などを特定化することはできず，因果関係を仮定することはできない。よって，これらの確率変数間のそれぞれに因果関係を設定することは難しい。そこで，本章では一貫して無向独立グラフを用いて分析している。

3-2 グラフ理論

 無向独立グラフで用いるグラフ理論の基礎概念を整理しておく[10]。グラフとは，いくつかの頂点（vertex）とそれらを結ぶ辺（edge）からなる1つの構造であり，グラフの構造から社会における人間や企業などの主体の特性を分析するための図であり，グラフ理論として数学的に体系化されている。

 一般に頂点の集合をV，辺の集合をEとして，$G=(V, E)$としてグラフを表す。2つの頂点α, βにおいて，これら2つの頂点の対(α, β)と(α, β)を区別しないときに，それを表す辺には方向を示す矢印は付けないとする。これを線（line）という。辺すべてに向きが付かないグラフを無向グラフという。辺に向きがあるグラフを有向グラフ（directed graph）という。さらに，1つの頂点で(α, α)を結ぶ辺が存在するとき，その辺を輪（loop）という。輪が無く任意の2つの頂点を結ぶ辺が1つしかないグラフを単純グラフといい，辺が2つ以上，輪を含むグラフを多重グラフという（宮川，1997，46頁）。本稿では単純無向グラフを基に，頂点間に条件付き独立関係を組み込んだ無向独立

グラフにより各政治参加形態の関係を表す。

【無向独立グラフの定義】p 個の確率変数があり，p 個の変数で無向グラフを考える。このとき存在する変数対の組み合わせは，$p(p-1)/2$ 通りである。これらの (X_i, X_j) $(1 \leq i < j \leq p)$ のそれぞれについて，X_i と X_j が残りの $p-2$ 個の確率変数を与えたものと条件付き独立か否かを判断する。つまり，偏相関係数 $\rho_{ij \cdot rest} = 0$ か否かを判断するのである。そして，$\rho_{ij} \neq 0$ のときに X_i と X_j を表す頂点を辺で結び，⑩———⑩と表す。$\rho_{ij} = 0$ のときには，X_i と X_j を表す頂点を辺で結ばない。これは確率変数の分散共分散行列 $\Sigma = (\sigma_{ij})$ としたときに，その逆行列 $\Sigma^{-1} = (\sigma^{ij})$ のある成分が $\sigma^{ij} = 0$ となることは，「X_i と X_j が，その他のすべての変数を与えたときに，条件付き独立になることを意味する」のである。

$p = 4$ とすると，具体的には Σ^{-1} は次のようになる。

$$\Sigma^{-1} = \begin{array}{c} \\ X_1 \\ X_2 \\ X_3 \\ X_4 \end{array} \begin{array}{cccc} X_1 & X_2 & X_2 & X_2 \\ \left(\begin{array}{cccc} * & & & \\ * & * & & \\ * & * & * & \\ 0 & 0 & * & * \end{array} \right) \end{array} \quad (* \neq 0 \text{ であり，} \Sigma^{-1} \text{ は対称行列である})$$

このとき条件付き独立を無向独立グラフで表すと，次の図1のようになり，このとき $X_1 \perp\!\!\!\perp X_4 | (X_2, X_3)$ と $X_2 \perp\!\!\!\perp X_4 | (X_1, X_3)$ が成り立っている[11]。

図1：条件付き独立の無向独立グラフ

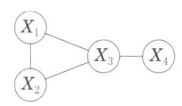

では，分析していく上で必要となるグラフ理論の用語を，ウィルソン（Wilson, 1996＝01, 11-34頁），宮川（1997, 46-47頁）から定義しておく。

① 隣接（adjacent）：頂点 α と β に辺 $\alpha\beta$ があるとき，α と β は隣接しているといい，$\alpha \sim \beta$ で表す。

② 完全（complete）：グラフ G のすべての頂点が互いに隣接しているとき，そのグラフは完全であるという。n 個の頂点を持つグラフは，$\frac{n(n-1)}{2}$ の辺

③部分グラフ (subgraph)：グラフ G の $V(G)$ と $E(G)$ の部分集合からなるグラフを G' とするとき、G' は G の部分グラフである。

④クリーク (clique)：$c \subseteq V$ において、c が生成する部分グラフが完全グラフとなる極大頂点集合である。

⑤道 (path)：異なる頂点列 $\alpha_0, \alpha_1, ..., \alpha_n$ は、$(\alpha_{j-1}, \alpha_j) \in E$, $j = 1,...,n$ のとき長さ n の道という。道ではある1つの頂点は1度しか現れない。

⑥連結 (connected)：頂点 α と β を含む道があるとき、α と β は連結しているという。

⑦境界 (boundary)：$\alpha \in V$ に対して、α と隣接している頂点の集合を α の境界といい、$\mathrm{bd}(\alpha)$ と表す。

⑧閉包 (closure)：$\alpha \in V$ に対して、境界と $\{\alpha\}$ の和であり、$\mathrm{cl}(\alpha)$ と表す。

⑨分離 (separate)：頂点 α, β を結ぶ任意の道が頂点集合 s のある要素を含むとき、s は α と β を分離しているという。

⑩閉路 (cycle)：長さ n の道 $\alpha_0, \alpha_1, ..., \alpha_n$ で、$\alpha_0 = \alpha_n$ を許したものを長さ n の閉路という。閉路ではある1つの頂点が2度現れる。

⑪弦 (chord)：閉路において連続していない頂点を結ぶ辺を弦という。長さ n の閉路 $\alpha_0, \alpha_1, ..., \alpha_n = \alpha_0$ ならば、$\alpha_1 \alpha_3$ などの辺である

⑫三角化 (triangulated)：長さ4以上の弦のない閉路が存在しないグラフを三角化しているとする。

3-3 マルコフ連鎖と因数分解性

図1の無向独立グラフでは、$X_1 \perp\!\!\!\perp X_4 | (X_2, X_3)$ かつ $X_2 \perp\!\!\!\perp X_4 | (X_1, X_3)$ が成り立っている。よって、定理1.3より $(X_1, X_2) \perp\!\!\!\perp X_4 | X_3$ となる。すると、この式が成立するための必要十分条件は、因数分解基準（定理1.1）より、4つの変数 X_1, X_2, X_3, X_4 の同時分布が、

$$f(x_1, x_2, x_3, x_4) = f(x_1, x_2 | x_3) f(x_4 | x_3) f(x_3)$$
$$= g(x_1, x_2, x_3) h(x_3, x_4)$$

と因数分解される．図1のグラフには2つのクリーク $c_1 = \{X_1, X_2, X_3\}$, $c2 = \{X_3, X_4\}$ が存在しており，これらは g と h に対応している．つまり，確率変数の因数分解とクリークを形成する頂点（確率変数）は一致し，これは後述する定理2.5として成立する．

図1の条件付き独立の関係 $X_1 \perp\!\!\!\perp X_4 | (X_2, X_3)$ と $X_2 \perp\!\!\!\perp X_4 | (X_1, X_3)$ は，X_3 を条件として与えれば，2つの条件付き独立 $(X_1, X_2) \perp\!\!\!\perp X_4 | X_3$ が成立することを示している．図1のグラフは，X_1 と X_4 は X_3 で分離されている．さらに，X_2 と X_4 は X_3 で分離されている．このことは，2つの確率変数（頂点）がグラフの中で隣接していないときには，それら2つの確率変数を分離する変数だけを与えれば，条件付き独立が成立することを意味する．これらのことは定理2.1～2.3で一般化され，そこから定理2.4の「3つのマルコフ性の同値性」と定理2.5の「因数分解とマルコフ性の関係」が導出される．以下，定理を示す（宮川，1997，48-53頁）．

【定理2.1】連結していない変数間の独立性

頂点集合 V が背反な部分集合 a と b に分割されているとする．このとき無向独立グラフで，$^\forall \alpha \in a$ と $^\forall \beta \in b$ が連結していないならば，$\alpha \perp\!\!\!\perp \beta$ である[12]．

【定理2.2】連結していない変数間の任意の条件付き独立性

頂点集合 V が背反な部分集合 a と b に分割されているとする．また $u \in V$ で，$u \setminus \{\alpha, \beta\}$ であるとする．このとき無向独立グラフで，$^\forall \alpha \in a$ と $^\forall \beta \in b$ が連結していないならば，$\alpha \perp\!\!\!\perp \beta | u$ である[13]．

【定理2.3】分離定理

無向独立グラフにおいて，2つの頂点 α と β が頂点集合 s により分離されているならば，$\alpha \perp\!\!\!\perp \beta | s$ が成立する[14]．

無向独立グラフの定義から，2つの頂点 α と β が隣接していないならば，$\alpha \perp\!\!\!\perp \beta | V \setminus \{\alpha, \beta\}$ という性質が成立する．これを「対ごとのマルコフ性」といい，（P）で表す．

また，定理2.3の $\alpha \perp\!\!\!\perp \beta | s$ を「大域的マルコフ性」といい，（G）で表す．

定理2.3は「（P）ならば（G）」であることを意味する．

さらに，この中間に位置する「局所マルコフ性」がある。bd(α)をαを頂点とする集合とし，cl(α)=bd(α)+αとするときに，$^\forall \alpha$について，$\alpha \perp\!\!\!\perp V \setminus \text{cl}(\alpha) \mid \text{bd}(\alpha)$が成り立つ。これを「局所マルコフ性」として（L）と表す。このとき次の定理2.4が成り立つ。

【定理2.4】3つのマルコフ性の同値性

任意の無向グラフにおいて，（G）→（L）→（P）が成り立つ[15]。

さらにここで，定理2.3と定理2.4から（G）→（L）→（P）→（G）が成り立つことがわかる。そして，この3つのマルコフ性と同じ性質が「グラフGに従う因数分解性」であり，（F）と表す。ここから，定理2.5が成り立つ。

【定理2.5】因数分解性とマルコフ性の関係

任意の無向独立グラフにおいて（F）→（G）が成り立つ。

以上，これらの定理が本稿の分析結果のグラフ解釈で必要となる[16]。

4．共分散選択によるモデル探索

4-1　共分散選択

共分散選択はグラフィカルモデリングにおけるモデル作成の本質的部分である。確率変数の条件付き独立における偏相関係数の意味は，確率変数X_iとX_jの偏相関係数が$\rho_{ij \cdot rest} = 0$のとき，$X_i \perp\!\!\!\perp X_j \mid (X_1, X_2, ..., X_p \setminus i, j)$である。これをグラフで表すと図2のようになる。つまり，X_iとX_jはX_kを与えたときに独立となることを示している。

図2：グラフ，偏相関係数からみた条件付き独立

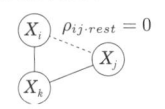

共分散選択は多変量正規分布にある確率変数間の構造を単純化するための手法であり，その原理はデンプスター (Dempster, 1972) により考案された。p 次元多変量正規分布では，$p(p-1)/2$ 個のパラメータがある。だが，観測値 (データ) による標本共分散行列を説明するためには，$p(p-1)/2$ 個より少数のパラメータで十分な可能性もある。統計解析の目的は，自然・社会現象をより少数のパラメータによる単純な統計モデルで説明することである[17]。

このパラメータを減らす1つの方法が共分散選択であり，$\Sigma = (\sigma_{ij})$ の非対角要素のいくつかをゼロにするのではなく，$\Sigma^{-1} = (\sigma^{ij})$ でいくつかの非対角要素をゼロにする。Σ が正則行列ならば Σ^{-1} は一意に定まる。σ^{ij} をゼロにすることは確率変数間に条件付き独立を付与することになり，変数間の関係を解読し易くするのである。共分散選択を定式化するうえで基礎となるのは，Σ の要素である。添え字 (i, j) の集合を Ω として，$1 \leq i < j \leq p$ とする。なぜならば，(i, j) は Σ の要素の添え字であり，下三角行列であるから，$i < j$ だけを考えればよい。Ω を2つの背反な部分集合 I と J に分割し，$(i,j) \in I$ では $\sigma^{ij} = 0$，$(i,j) \in J$ では σ^{ij} は任意とするモデルを考える (宮川，1997，76-77頁)。

共分散選択は p 次元正規分布において，それぞれ p 次元変量の観測値 $\boldsymbol{x}_1 ..., \boldsymbol{x}_n$ があるとき，標本共分散行列を

$$S = (s_{ij}) = \sum_{k=1}^{n} (\boldsymbol{x}_k - \bar{\boldsymbol{x}})(\boldsymbol{x}_k - \bar{\boldsymbol{x}})'/n$$

と定義する。

p 次元正規分布の確率密度関数は(10)式である。その対数をとると

$$\log f(\boldsymbol{x}) = -\frac{p\log(2\pi)}{2} - \frac{\log|\Sigma|}{2} - \frac{(\boldsymbol{x}-\boldsymbol{\mu})'\Sigma^{-1}(\boldsymbol{x}-\boldsymbol{\mu})}{2} \quad (17)$$

観測値 $\boldsymbol{x}_1 ..., \boldsymbol{x}_n$ の対数尤度は

$$\log L(\boldsymbol{\mu}, \Sigma) = -\frac{np\log(2\pi)}{2} - \frac{n\log|\Sigma|}{2} - \frac{\sum_{k=1}^{n}(\boldsymbol{x}_k-\boldsymbol{\mu})'\Sigma^{-1}(\boldsymbol{x}_k-\boldsymbol{\mu})}{2} \quad (18)$$

となる。$L(\boldsymbol{\mu}, \Sigma)$ は尤度関数である。

ここから次の定理が成り立つ (宮川，1997，79-81頁)。

【定理3.1】パラメータに制約のないμとΣの最尤推定値

μとΣの最尤推定値$\tilde{\mu}$と$\tilde{\Sigma}$は，

$$\tilde{\mu} = \bar{x} \qquad \tilde{\Sigma} = S \qquad (19)$$

となる。

問題は$(i,j) \in I$で，$\sigma^{ij} = 0$とした制約下での最尤推定値である。(18)式の右辺第3項は，

$$\sum_{k=1}^{n}(x_k - \mu)'\Sigma^{-1}(x_k - \mu) = \sum_{k=1}^{n}(x_k - \bar{x})'\Sigma^{-1}(x_k - \bar{x}) + n(\bar{x} - \mu)'\Sigma^{-1}(\bar{x} - \mu) \quad (20)$$

と分解され，μは(20)式の右辺第2項だけで尤度に寄与することから，$\hat{\mu} = \bar{x}$となる。

このΣの最尤推定値$\hat{\Sigma}$は，(20)式の第2項をゼロとして対数尤度から求められる。このとき$\Sigma^{-1} = (\sigma^{ij})$の最尤推定値$\hat{\Sigma}^{-1} = (\hat{\sigma}^{ij})$は，
$\frac{\partial L(x, \Sigma^{-1})}{\partial \sigma^{ii}} = \frac{n}{2}\frac{\Sigma^{-1}_{ii}}{|\Sigma^{-1}|} - \frac{ns_{ii}}{2} = 0$ と $\frac{\partial L(x, \Sigma^{-1})}{\partial \sigma^{ij}} = n\frac{\Sigma^{-1}_{ij}}{|\Sigma^{-1}|} - ns_{ij} = 0$ の解として求められ，デンプスターはΣに次の定理を与えた（宮川，1997，81-82頁）。

【定理3.2】共分散選択の基本定理

$(i,j) \in I$では$\sigma^{ij} = 0$として，$(i,j) \in J$ではσ^{ij}の値を任意とするモデルにおけるΣの最尤推定値は次の2つの条件を満たす正定値行列である。

(1) $(i,j) \in I$では，$\hat{\sigma}^{ij} = 0$
(2) $(i,j) \in J$では，$\hat{\sigma}^{ij} = s_{ij}$ [18]

なお，この計算のアルゴリズムは宮川（1997，83-86頁）では，Wermuth and Scheidt（1977）の方法を基に紹介している。本章における共分散選択のアルゴリズムは，これを発展させたRのパッケージggm（Marchetti, Drton and Sadeghi, 2015）のアルゴリズムである。

4-2 適合度指標

共分散選択により定まったSの最尤推定値$\hat{\Sigma}$を評価するために，適合度指標が必要になる。グラフィカルモデリングではAICと逸脱度の2つを併用するのが標準的と考えられる[19]。AICは，これまでに多くの統計モデルで用い

られてきた。ここでは，逸脱度の概要を示しておく。(18)式と(19)式から，何の制約もないモデルをフルモデルとしてFMと表す。FMの最大対数尤度は$\log L(\text{FM}) = -\frac{np\log(2\pi)}{2} - \frac{n\log|S|}{2} - \frac{np}{2}$である。

$(i,j) \in I$でいくつかのσ^{ij}を$\sigma^{ij} = 0$と制約を課すモデルを縮小モデルとし，RMで表す。以下，制約の数によりRM1，RM2，…とする。RMの最大対数尤度は$\log L(\text{RM}) = -\frac{np\log(2\pi)}{2} - \frac{n\log|\hat{\Sigma}|}{2} - \frac{np}{2}$となり，これらFMとRMの対数尤度の差の2倍をRMのFMに対する逸脱度(deviance)として，dev(RM)と表す。逸脱度は次の式で表される。

$$\text{dev}(\text{RM}) = 2\left[\log L(\text{FM}) - \log L(\text{RM})\right] = n\log\frac{|\hat{\Sigma}|}{|S|}$$

RMが真のときdev(RM)は漸近的にχ^2分布に従う。このとき自由度は制約したパラメータ数である。縮小モデルRM1（1つのパラメータを制約）とRM2（さらにもう1つのパラメータを制約，合計2つのパラメータを制約）はRM1⊃RM2の包含関係にあり，dev(RM2) ≥ dev(RM1)となる．この関係からパラメータを減少させることにより逸脱度は増加する。そこで，dev(RM2) − dev(RM1)からRM1より，RM2へとパラメータを縮小したモデルにしたときに，ゼロとしたパラメーターの有意性をχ^2検定から検証できる（宮川，1997, 83頁)[20]。

共分散選択は，分析に用いる確率変数から構成されるグラフが完全であるところから出発する。まず，偏相関係数を導出し，値がゼロに近い，つまり絶対値最小ものから順次偏相関係数をゼロとする制約を課して，再度偏相関係数を導出する手順を繰り返し，モデルの適合度AICやdev(RM)が最適となるモデルを最終的なモデルとして選択するプロセスである。

1) つまり，Bが起こる確率が，Aが起こるか否かと関係ないときにAとBは独立であり，$P(B \mid A) = P(B)$である。このとき(2)式は，独立を乗法定理で表している。
2) ⊥⊥はDawidの記号といい，「独立」と読む。独立関係を示す記号は一般には⊥を用いる場合が多い。

3) 一般に,確率変数は大文字 $X, Y,...$ で記す。X, Y が具体的な値をとるときには,$x, y...$ の小文字を用いる(松原,2003,13 頁)。
4) 離散変数の場合は,密度関数でなく確率関数である。
5) 離散変数では $g(x) = \sum_y f(x, y)$ となる。
6) ここで注意すべきことは,事象の水準で独立が成立しても,その補事象まで含めた確率変数としてみると,独立が成立しない場合が存在することである(宮川,1997,28 頁)。
7) 4つの定理の証明は,宮川(1997,28-29 頁)を参照していただきたい。
8) $\mu = (\mu_1,...,\mu_\rho)'$ は X の平均ベクトル,$\Sigma = (\sigma_{ij})$ は X の分散共分散行列である。$|\Sigma|$ は Σ の行列式である。$\exp x = e^x$ である。
9) m+n 次正方行列 G の行と列を m と n に分割し,$G = \begin{pmatrix} A & B \\ C & D \end{pmatrix}$ とする。A(m 次正方行列)と D(n 次正方行列)は正則である。G が対称行列のときは,A および B は対称であり,$C = B'$ である。このとき G^{-1} は以下の式で表される。

$$G^{-1} = \begin{pmatrix} A^{-1} + A^{-1}B(D - B'A^{-1}B)' & -(A^{-1}B)(D - B'A^{-1}B)^{-1} \\ -(D - B'AA^{-1}B)^{-1}(A^{-1}B)' & (D - B'AA^{-1}B)^{-1} \end{pmatrix}$$

ここで,$(AB)' = B'A', (A^{-1})' = (A')^{-1}, A' = A, B' = C$ であるから,G^{-1} の 1 行 1 列の成分に注目すると,$A^{-1} + A^{-1}B(D - B'A^{-1}B)(A^{-1}B)'$ $= A^{-1} + A^{-1}B(D - B'A^{-1}B)B'(A')^{-1} = (A - BD^{-1}C)^{-1}$ である。よって,この関係を(14)式に対応させると,$\Sigma^{11} = (\Sigma_{11} - \Sigma_{12}\Sigma_{22}^{-1}\Sigma_{22})^{-1}$ であるから,$(\Sigma^{11})^{-1} = \Sigma_{11} - \Sigma_{12}\Sigma_{22}^{-1}\Sigma_{22}$ である。
10) グラフ理論の用語には標準的なものはなく,研究者独自の用語を用いる場合も少なくない(Wilson,1996=01,11 頁)ことに注意していただきたい。
11) 図1は宮川(1997,45 頁)の例を参照させていただいた。
12) 証明は宮川(1997,49 頁)を参照のこと。
13) 証明は宮川(1997,50 頁)参照のこと。
14) 証明は宮川(1997,51 頁)参照のこと。
15) 証明は宮川(1997,52 頁)参照のこと。
16) 証明は宮川(1997,53-54 頁)参照のこと。
17) これをケチの原理(Principle of Parsimony)という(宮川,1997,76 頁)。
18) 証明は宮川(1997,81 頁)参照のこと。
19) 宮川(1997)では適合度指標は主に逸脱度に依っている。しかし,近年の動向を見ると AIC を併用するのがよいのかもしれない。
20) このとき自由度は,RM1 から RM2 に縮小したパラメータ数であるから通常は 1 となる。なぜならば,RM で $\sigma^{ij} = 0$ とする制約は各 RM で 1 つずつ課すからである。

第 3 章
交換ネットワーク理論による
政党間競争の分析

三 船　　毅

1. はじめに

　議会において多数派である政権与党の活動の中心は，自らが望む法案を成立させることである。もし，与党が単独で過半数を占めていれば，その強い立場から数にものをいわせて，野党と採決の合意無く強行採決して法案を成立させることも可能である。他方，議会で少数派となる野党は法案を提出することは可能でも，それを成立させることは困難である。与党が成立を目指す法案に対して，野党はすぐさま賛成することは少なく，多くの場合は廃案を主張したり法案の修正を迫り，議会内で他の野党と意見を調整して，自己の存在感を主張する。過半数を占める多数派与党であっても，法案[1]を強行採決するにはリスクを負う。通常，与党が法案を強行採決をするような場合，世論も反対意見に傾いている場合も多く，さらに野党の反対にも相応の言い分は存在する。そのような状況では，多くの有権者は与党の強行採決に対しては懐疑心を抱くであろう。これは，野党が戦術的に審議拒否をするなどの場合も同じくリスクを負うことになる。よって，議会内では法案の成否に対して，多数派与党と少数派野党ともに細心の注意を払い行動するが，政党の目的は議席数を所与の勢力として，山積する法案審議への労力を如何にして党勢拡大に繋げていくのかということになる。

55年体制下の日本の国会では，両院の議院運営委員会と与野党の国会対策委員会で調整された「法案を巡る競争」が行われていた。しかし，1993年以降の55年体制崩壊とともに安定した政党間競争は影を潜め，政党分裂にみられる政党制の流動化とポピュリズムを背景とした争点の単純化，会期内で1つの政策や法案に執着する態度が目立ち，従来は見られなかった競争形態が顕在化してきた。本章では，法案成立過程を巡る政党間競争に現れる政党の戦術の採り方や，政党の分裂や新党結成など，政党の勢力形成を巡る競争論理を単純な数理モデルから解明し，実際の政治状況をどの程度説明できるのかを探る。

　政党間競争を分析する枠組みは，データによる計量モデルおよび演繹的数理モデルがあるが，それらの大部分は合理的選択理論を基礎として議会内の委員会での投票や政党・候補者の政策空間を分析してきた。しかし，争点の単純化や会期内に1つの政策や法案に執着する態度，政党分裂や新党結成を行為者の合理性だけから説明することには限界もある。議会内には議員や政党を取り巻く見えない力学，つまりネットワークの力学による作用も存在しており，行為者は合理的に行動しているつもりが，結果的には利得を損ねている場合も見受けられる。合理的選択理論だけでは他者，他党との関係を分析視座に十分に取り入れることはできないのである。したがって，議会内における政党の合理的行動と政党間に作用するネットワークの力学を同時に分析できる方法が必要である。本章ではそのような方法として，合理的選択理論に基づく交換理論と急速に進展しているネットワーク分析を融合させた交換ネットワークモデルを用いて，議会における法案審議を巡る政党間競争の論理を導出する。

2．政党間競争

2-1　政党の目的と活動

　政党の究極の目的を何とするのかは，我々の民主主義の理解と密接に関わっている。現代の自由民主主義政治体制における政党を，理念的民主主義に即して捉えるのであれば，バーク（Burke, 1770）の論ずるように「国民の福祉を増

進するために結ばれた一団」と理解される。しかし，政党をシュンペーター的な民主主義の枠組みで捉えれば合理的主体であり，政権獲得が政党の究極的な目的であり，政策は政権獲得の道具として理解される。しかし，現実の政党はこのように容易に二分できるのもではなく，両面性を持っている。政治権力の獲得のためには，政党は最終的には政府を形成し，立法過程の主導権を握ることが必要であり，政党は自らが目的とする政策を実現するために権力獲得を目指す集団として捉えることが適当であろう[2]。日本の国会に即して考えれば，政党は成立を目指す政策や法案のために，議会内では法案審議の駆け引きを議院運営委員会と各委員会で，議会の外では国会対策委員会で演じることになる。この駆け引きの背後には，次の選挙で議席を増加させ政権を獲得するために，議会活動を有権者にアピールする意味も当然ある。そして，最終的に政党は世論の支持を拡大させ，次の選挙での議席拡大を目指すのである。政党はこのような目的を持って議会内で行動し，法案を巡る議会内での意見調整を通して，自身の意見を審議過程に反映させていくことになる。当然，議会においては，ある政策を実現しようとする政党，その実現を阻もうとする政党が入り乱れることになる。

　日本の国会では，次のような過程で政策は法案として形成されていく。(1)議員，内閣による法案の提出，(2)先議する院での関係委員会への付託，(3)委員会での趣旨説明，質疑，修正，討論，採決，(4)委員会で採決された法案の先議の院への上程，(5)本会議での当該委員会による経過と採決結果の報告，質疑，討論，採決，(6)先議が衆議院の場合，可決されれば後議の参議院へ法案を送付，(7)後議の院での委員会，本会議での採決，(8)後議が参議院の場合で，否決された場合は法案に関しては衆議院へ返付して，次の(i)と(ii)の何れかの方法を採る。(i)両院協議会を経て衆参両院で可決すれば法案は成立。(ii)衆議院で出席議員の3分の2以上で可決されれば法案は成立。ただし，予算の議決と条約の承認は，衆議院の議決が優先される[3]。

　法案の成否は一般的にこのような経緯を経るが，議会における議席数のバランスや各法案に対する賛成・反対の状況により，(2)以降の在り方は大きく変化

し，野党は法案成立を阻止すべく多様な戦術を用い，与党は野党に対して様々な工作で懐柔策をとることになる。曽根，金指（1989, 37-49頁）は55年体制の国会を念頭にして，いくつかの事例を指摘している。

まず，(2)では，野党は反対する重要法案に関しては，本会議の趣旨説明を求め質疑を長時間にわたって行う。法案は趣旨説明と質疑が終了しなくては，委員会に付託されないことが慣行となっている。このように国会に提出された法案を委員会に付託しない状態は「つるし」と呼ばれ，「つるし」となった法案は委員会での審議ができない。この間に先行して委員会で審議される法案を「枕法案」と呼ぶ。野党は「つるし」法案と「枕法案」により時間を稼ぎ，重要法案の審議開始を遅らせその不成立を図る。

(3)では，委員会審議が中心となる。委員会の運営は与野党理事の間で行われるのが通常であり，委員長権限で議事運営を進めることはない。もし，委員長権限で議事運営を行えば野党側の反発を招き，審議中断となり混乱に陥る。したがって，委員長は通常その権限行使を独断で行うことはなく，党幹部，国対委員長，野党側と連絡を取りながら議事運営を進めることになる。だが，それでも野党側が審議を遅らせたい場合には，爆弾質問により政府を驚嘆させ議事停止を図ることもある。重要法案の場合には委員会において与党側が強行採決することもあるが，それによらず法案を通すためには，野党の意見を部分的に受け入れ手直しをしたり，野党の修正要求を見込んで原案に予め修正部分を盛り込むこともある。また，ログローリングも行われる。さらには，野党の面子を立てるために付帯決議も行われる。だが，付帯決議により政府が法案を修正することは希である。さらに，野党は審議拒否を行う場合もあるが，与党多数の場合には法案審議の結果は見えており，実質審議よりは有権者に向けてのアピールの意味となる。

(5)(7)(8)における本会議では，質問はあらかじめ議院運営委員会を通じて議長に届けられており，許可を得らなければならない。衆参両議院規則では，本会では同一議題について3回を超える質疑は禁じられ，時間も1人15分に制限されている。審議の過程は，予算に関しては衆議院の優越があるが，一般の

法案に関しては衆議院での成立を経て送付され，参議院で否決された場合には，先の(i)両院協議会を通じて両院での再議決，もしくは(ii)衆議院で出席者の3分の2以上の議決で決まる。審議において与党が数にものを言わせて強行採決することもあるが，本会議での強行採決はいわば委員会で野党との様々な調整が失敗した結果であり，最終的な手段である。だが，それでも野党は，関係閣僚に対する不信任案や関係委員長に対する解任決議を出し，さらに牛歩戦術などで対抗するのである。よって，野党は如何に自分の面子を立てるかに腐心し，与党もそれに如何にして応えるのかが55年体制における政党間競争の特徴でもある。

これらの特徴は現在でも残存している。だが，1993年の自民党分裂は党内融和を基調とした派閥政治を混乱させた。自民党から分裂した新生党は新進党となり，さらに再分裂した。また，社会党も退潮した。これらの結果として，政党間の意見調整が困難になり，小選挙区比例代表並立制の導入，世代交代が加わることにより，競争の方法が大きく変化したと考えられる。

2-2 政党の勢力

政党の勢力とは，日本では一般に議会における議席数や世論調査に見られる支持率などを示すように考えられる。そもそも，この政党の勢力という言葉自体，日本では明確な定義なども無く，ジャーナリズムの延長線上で用いられてきた感もある。このような文脈では，政党の勢力の要因は議会での立法や市民に向けた啓蒙活動，および支持者拡大に他ならない。そこにおいて最も重要なことは，議会での立法活動を一般市民に知らしめることであり，そのために重要法案の成否に対して積極的に関与することである。この場合，政党の勢力は，これらの活動を通じた有権者の支持と賛同を背景とした社会的影響力に他ならない。

だが，議会内における政党の基本的な勢力というものは議席数に端的に表される。したがって，最終的に少数野党は採決に対して決定的な力を持ち得ない。しかし，野党も次の選挙を見据えて行動するから，その時点では少数議席

であっても，次の選挙での議席数増加を目指して議会内での活動を有権者にアピールすることにより勢力＝議席拡大を目指す。このアピールの仕方が，強行採決における面子の立て方としての牛歩戦術，爆弾質問，審議拒否であり，有権者に対して少数野党であっても精力的に活動している姿をメディアを通して示し，有権者の支持を得るのである。

しかし，議会内での議席数をそのまま勢力と見なすことも問題がある。もしそうならば，少数政党の勢力は皆無に近い。議席数は法案の成否をコントロールする能力の源泉であり，それは審議の採決で決定的な影響力をもつ。だが，政権与党は議会内で法案成立を目指すときには，多様な交渉手段をもって影響力を行使する。その際，相手側野党から何らかの条件を出されることもある。しかし，与党はその条件をのめなければ条件を拒否するのである。この状態は，与党は野党に対して依存度が低いことを表している。この他者への影響を及ぼす度合いと依存度の低さは表裏一体であり，交換ネットワーク理論において勢力は他者への影響力と依存度の両面から検討されてきた。したがって，政党の勢力というものは，議会内での議席数と審議における交渉能力，およびそこから醸成される世論の支持から成る。世論の支持も政党活動を活気付けるが，しかしそれは議会での活動があってこそである。よって，本稿の分析では，勢力を議席数を所与とした審議交渉能力に限定する。

2-3 議会における政党間競争

55年体制の下では，自民党と社会党を中心とした野党との対抗関係として政党間競争が行われてきた。自民党が絶対多数を誇り野党に対する依存度が低い場合には，重要法案に対して強行採決も多くみられ，野党はそれに対抗して牛歩戦術などで対抗した。だが，1973年に参議院における与野党伯仲状況が生じ自民党の野党への依存度を高め，強行採決も減少して予算案，法案を通すために野党の切り崩し，予算修正，法案修正などの妥協策が目立ってきた。自民党は多数ではあるが，与野党伯仲の状況では各委員会の委員長ポストを全て自民党議員が占めているわけではなく，法案を通すためにはより慎重にならざ

るを得ない。このような状況のなかで政党間競争は法案の成否を巡り自民党対社会党の構図を中心に行われるが、与野党間のネットワークを用いて社会党幹部との妥協策も図られた。このことは料亭政治という言葉に揶揄されるように、インフォーマルな党幹部や国会対策委員同士の意見交換も重要視されたのである。このような与野党伯仲状況を経て、1980年代の保守回帰で自民党政権は一旦は安定するが、1989年の消費税などの攻防を経て、1993年以降に日本の政党間競争は大きく変化する。

　変化の1つは、政党内部における政策的対立に起因する政党分裂である。無論、その背後には様々な役職、特典の配分に関する権力闘争があることはいうまでも無い。55年体制では、1959年に民社党、1976年に新自由クラブ、1977年に社民連の結党があったものの、これらの多くはある種のイデオロギー対立に起因する。1993年の自民党分裂、1996年の新進党分裂によるさらなる政党の細分化、2005年の郵政解散選挙での自民党離党者、2009年のみんなの党結成、民主党の2011年の分裂では、政策的対立が主張されてきた。この状況を作り出した要因は、55年体制下の自民党と野党の対比で考えると、自民党においては最大派閥であった竹下派からの新生党分裂が象徴するように、党内融和の原則が崩壊したことであろう。野党では、社会党の退潮と、多様な政党からなる民主党の政策的支柱の欠如と派閥抗争が要因であろう。だが、自民党も野党の分裂も、党から離脱する側が再選可能性を高めるために仕掛けた権力闘争の趣も強く、続く2つめの変化と連動している。

　2つめの変化は、選挙や議会における政党の政策や法案に携わる態度の変化である。55年体制下では各党は綱領に則り、時局に応じた政策を主張し、議会での論争が繰り広げられた。もちろん重要法案が国会に提出されれば、その法案が中心的議題となり、これまでに「安保国会」「住専国会」「郵政国会」などとして、会期中の一時はそれが中心的課題となり、与野党ともにその法案の是非を主張した。しかし、2001年の小泉政権あたりから主張が変化し、さらに会期中で1つの政策や法案に執着した主張をする傾向が強くなった。小泉政権では郵政民営化が大きな議題として現れ、2005年の両院本会議と続く総選

挙では，あたかもそれだけが争点のようになり，単純化された1つの争点による選挙戦が繰り広げられた。さらに，みんなの党や地域政党にみられるように，結党時だけでなく，継続的に1つの政策を主張することに執着した政治改革の主張がみられる。みんなの党は，公務員制度改革を通して政治改革を主張する。地域政党では，大阪維新の会が地方制度改革を通して政治改革を主張する。減税名古屋は，名古屋市の住民税10%恒久減税を通して政治改革を主張する。このような争点の単純化や1つの政策や法案への執着は，その政党にとっては重要な主張であり，他党よりもその政策への携わりが一日の長あり，自負があるからこそ行われると考えられる。だが，その背後にはポピュリズム政治の蔓延があり，これらの方法が有権者の支持を取り付けやすいという政党の認識があることは想像に難くない。これら2つの変化の背後には，政党によるポピュリズム政治の認識があると考えられる。

2-4 政党間競争を分析する視座

このような日本政治の状況変化をみて川人（2001）は「こうした政党政治の動きを見ると，政党は政治状況にあわせて，その行動や政策を変化させ，結成したり合併したりしていることがわかる」と論じており，政党行動の変化はもはや有権者においても一般的認識である。したがって，本稿では1993年以降の顕著な変化としての政党による争点の単純化や，1つの政策や法案への執着，政党分裂の論理を明らかにしていきたい。

政党行動の分析はダウンズ（Downs, 1957＝80）やブラック（Black, 1958）による政党間競争や委員会投票の分析を嚆矢として，その理論的基礎が構築された。しかし，これらの研究は「投票」に焦点を当てたものであり，エネロウ，ヒニチ（Enelow and Hinich, 1984, 1990）らが選挙の空間理論を構築し，モデルの精緻化を経て，プール（Poole, 2005）により議会における政党の投票行動にまでその射程が拡大させられてきた。これらの先行研究は「投票による決定」に焦点を当てたものである。政党間競争にける法案採決での「投票による決定」は，まさしく競争の最終局面である。だが，それは基本的には政党の議席数に

より決定されてしまう。しかし、法案の採決に微力ではある小政党ではあっても、その勢力拡大を目指して活動する。本章で対象とするのは、そのような大政党から小政党までの包括的な競争である。

空間理論のさらなる問題は、多次元政策空間においては均衡は殆ど存在しないことであり、プロット（Plot, 1967）により均衡の存在条件は極めて厳格であることが証明されている。さらに、マッケルビー（McKelvey, 1976）とスコフィールド（Schofield, 1977）は均衡点が存在しないもとでは、どのような結果も起こりうることを示している（Tsebelis, 2002＝09, 11 頁）これらの研究の過程では、投票の影響力の指数化も試みられ、シャプレー・シュービック指数、バンザフ指数がなどが考案されてきた。

空間理論のアイディアを基に、議会における政党間競争の分析枠組みを提示したのがツェベリス（Tsebelis, 2002, pp.50-80）である。ツェベリスは現状打破集合（winset）という概念を用いる。政策を変更する提案（新たな政策の提示）に対して賛否を表明するアクターを拒否権プレイヤーとして、ユークリッド空間での無差別曲線上における拒否権プレイヤーの政策選択による分析モデルを提示している。そのなかで彼は、現状打破集合が自己強制的特性を持ち、現状より好まない結果を受け入れる選択をする理性的プレイヤーは存在しないことより、政策変更に関わる均衡が存在することを保証している

この拒否権プレイヤーは議会内の政党による法案の成否に関わる駆け引きを精緻に描き出すが、それ以外の政党間競争を描き出すことまではその射程に入れていない。本章の目的は、1993 年以降に現れた政党間競争の新たな型である政党分裂、争点の単純化、1 つの政策や法案へ執着する論理を究明することである。よって、従来とは異なる視座をもつコールマン（Coleman, 1973, 1990＝06）の交換ネットワークモデルを用いる。交換ネットワークモデルは、古典的な交換理論にネットワーク分析を組み込むことにより、合理的選択理論の枠組みを備え、社会構造・社会過程全体の説明を射程としている。さらに、このモデルは多次元政策空間における政党間競争の結果として生起する力関係の均衡を容易に示すことが可能である。

3. 交換理論による政党間競争モデル

3-1 交換理論

　現代の交換理論の嚆矢は，ブラウ（Blau, 1964＝74）とホマンズ（Homans, 1961＝78）とされる。交換理論が対象とする交換は，一般的には財・サービスに対する代価などの経済的取引を除いた社会的交換に限定される場合が多いが，含める場合もある。議会内における政党間競争は社会的交換であり，そこでは社会資源として第1に法案の成否と，第2に有権者へのアピールが交換の対象となり，55年体制下では与党の法案採決に対して如何にして野党の面子を立てるのかが交換過程といえる。社会資源とは金銭，財貨を除いた知識，情報，技能，尊敬，威信，快適，名声，優越などであり，これらの交換により社会において勢力や権力が発生するのである。交換理論は日常生活場面や小集団における相互行為過程のみならず，制度や社会構造を迂遠に支える相互行為にも焦点を当て，そこに見出される種々の社会過程を交換の観点から解釈し，社会過程間の相互関連性を見出し社会構造，制度，集団，組織が生成，発展，消滅する過程を解明する（久慈，1984）。だが，ホマンズとブラウの交換理論は，基本的には二者間の交換関係を対象としており（高橋・山岸，1993），この二者関係を超えて理論の一般化を試みたのがエマーソン（Emerson, 1972）であり，彼により交換理論と社会ネットワーク分析が結合された。この研究の流れからミクロ過程に注目するホマンズの伝統と，社会構造の構造的規則性を重視するブラウの伝統を併せもつ権力依存論が展開されていくことになる。また，同時期にコールマン（Coleman, 1973）により交換理論が演繹理論による数理モデルとして構築され，マースデン（Marsden, 1983）らによりエマーソン（Emerson, 1972）のネットワーク分析の視点が導入され，コールマン（Coleman, 1990）により権利の交換を基礎として，社会構造，社会過程全体を射程とした演繹理論体系が構築されたのである[4]。

　本章は交換ネットワークの観点から，議会における政党間競争の過程から生

じる勢力を分析する。勢力は POWER であり，権力も POWER である。だが，日本語では勢力と権力には微妙なニュアンスの差があると考えられる。日本における交換理論および交換ネットワーク理論における先行研究では，交換の結果生じる主体間の力関係の差を表すのに権力と勢力の両方が用いられている。よって，語句の混乱を避けるために，議会における権力は議員，内閣の立法権限に限定し，政党間競争の過程で生じる力関係を勢力として用いる。では，勢力をどのように捉えるべきなのであろうか。エマーソン（Emerson, 1972）は勢力を他者への依存度が低いこととし，コールマン（Coleman, 1973）は勢力を意思決定の対象事項を制御する能力としている。これらは表裏一体である。交換ネットワークモデルでは，その計算過程から依存度の低さと捉えた方が理解しやすいかもしれない。しかし，現実の議会政治では他者への影響力と捉えた方が理解しやすい場面も多い。この交換理論の枠組みを用いると，各政党は議会において各自が法案として成立を目指す政策を，他党の賛同を得て多数派を形成して成立させたり，もしくは他党が反対した賛同を得られない場合には制裁を課すという交換関係を議会のなかにみることができる。この交換過程は，コールマンの考えに即せば自由交換市場であるから，自由な討論が認められている議会での法案形成過程を巡る政党間競争を的確に再現できる演繹モデルを構築することが可能であり，競争過程における政党行動の論理をモデルから解明できる。

3-2 政党の制御能力

では，簡単な例からコールマンによるモデルの概要をみる。コールマンの交換理論に基づくモデルは，1973 年の "The Mathematics of Collective Action" に提示されてから幾分の修正はあるが，1990 年の "The Foundations of Social Theory" においてもその基本は変わっていない。このモデルは三隅（1990），沢田（1983），パピィ，ノーキ，ビソン（Pappi, Knoke and Bisson, 1993）らにより紹介され，その修正や応用研究が試みられている。ここでは，彼らの議論を踏まえて，数学的な記述の理解を容易にするために詳細に記す。では，以下

3-5項まで，三隅による紹介を基に舞台を議会としてモデルの基本的構成を説明する。

ある議会で事案となっている3つの政策に関わる法案を B_i ($i=1, 2, 3$) とする[5]。議会での行為者，ここでは5つの政党を P_j ($j=1, 2, 3, 4, 5$) として，それらを A 党 (P_1)，B 党 (P_2)，C 党 (P_3)，D 党 (P_4)，E 党 (P_5) とする。政党 P_j は，これら3つの法案の成否に対して利害関心を持っている。c_{ij} を P_j が B_i に対して持つコントロール能力とする。コントロール能力とは政党 P_j が法案 B_i の成否に対して持つ統制力である。$c_{ij} \geq 0$ であり，

$$\sum_{j=1}^{5} c_{ij} = 1 \tag{1}$$

とする。つまり，$c_{i1}+c_{i2}+c_{i3}+c_{i4}+c_{i5}=1$ であり，B_i という法案に対して5つの政党のコントロール能力の総計が1となるように仮定する[6]。もし，B_i が法案でなく，政党の名称変更などであれば，その政党が自由にできることであるから，その政党がコントロール能力1をもつ。各政党の各法案に対するコントロール能力を行列で表すと以下の C になる。

$$i \begin{pmatrix} c_{11} & c_{12} & c_{13} & c_{14} & c_{15} \\ c_{21} & c_{22} & c_{23} & c_{24} & c_{25} \\ c_{31} & c_{32} & c_{33} & c_{34} & c_{35} \end{pmatrix} = \mathbf{C}$$

（上の j）

3-3 政党の法案に対する関心

政党 P_j の法案 B_i に対する利害関心を y_{ji} とする。ここで $-1 \leq y \leq 1$ である。このとき y_{ji} の絶対値は法案への利害関心の強度を表すことになり，(2)式で表される。

$$\sum_{i=1}^{3} |y_{ji}| = \sum_{i=1}^{3} x_{ji} \tag{2}$$

さらに

$$\sum_{i=1}^{3} x_{ji} = 1 \tag{3}$$

つまり，$x_{j1}+x_{j2}+x_{j3}=1$として，3つの法案に対する利害関心の総計が1となるように仮定する[7]。このとき，政党の利害関心を行列で表示すると以下の**X**になる。

$$j\begin{pmatrix} x_{11} & x_{12} & x_{13} \\ x_{21} & x_{22} & x_{23} \\ x_{31} & x_{32} & x_{33} \\ x_{41} & x_{42} & x_{43} \\ x_{51} & x_{52} & x_{53} \end{pmatrix} = \mathbf{X}$$

（上部に i）

コールマンのモデルにおいて，各政党は各法案に対して自由に処分できる1組のコントロール能力を議会に持ち寄る，いわばコントロール能力の供給者である。各政党は各法案に対するコントロール能力を自身の利害関心に応じて，他党とコントロール能力を交換して効用最大化を図るのである。

与党は，自らが早期成立を望む法案のために，野党に対しては他法案の修正に応じたり，もし強行採決するならば野党の面子も立てるのである。このようにして，各政党は各法案に対して持つコントロール能力を交換し合うのである。

3-4 議会における政党間競争の定義

では，各政党の各法案に対するコントロール能力と利害関心を定義したところで，各政党が如何なる行動を採るのかを，モデルに沿って解釈する。コールマンのモデルは，自由な交換が基礎にある。議会は自由な討議による意見交換の場であるから，モデルの基本的仮定は適当である。まず，法案 B_i の価値を v_i とする。v_i は議会内において，各政党が当初認識している法案の重要度である。v_i は政党間の交渉，つまり交換により変化して均衡に達する。よって，政党 P_j が法案 B_i に対してもつコントロール能力の価値総量，つまり交換のための供給量は $v_i c_{ij}$ となる。勢力とは所与の価値の下での政党 P_j の全法案に対する供給量であり，政党 P_j の勢力 r_j は次の式のように定義される。

$$r_j = \sum_{i=1}^{3} v_i c_{ij} \qquad (4)$$

この所与の価値 v_i のもとで，政党 P_j の法案 B_i に対するコントロール能力の供給量は $v_i c_{ij}$ である．したがって，全政党の法案 B_i に対する総供給量を S_i とすると，S_i は(5)式となる．

$$S_i = \sum_{j=1}^{5} v_i c_{ij} = v_i \tag{5}$$

政党 P_j は自身が供給するコントロール能力の価値総量 $r_j = \sum_{i=1}^{3} v_i c_{ij}$ 以上のコントロール能力を他党との交換によって獲得することはできない．よって，各政党は全ての法案に対するコントロール能力の供給量 r_j に等しい価値総量を利害関心にしたがって，各法案に比例配分することになるか，もしくは一番重視する法案に全ての価値総量を配分することになる．ただし，コールマンは，各行為者が利害関心に対して比例配分すると仮定している（Coleman, 1990, pp668-669）．

各政党にとって，コントロール能力の需要量を決めることは，所与の価値の下で決定される勢力を如何に効率的に配分するかという問題と同じである．以上のことから，所与の価値の下での政党 P_j の法案 B_i に対するコントロール能力の需要量は $x_{ji} r_j$ と定義される．

全ての政党についての総需要量の総和をとると，法案 B_i に対する総需要量 D_i は次の(6)式で定義される．

$$D_i = \sum_{j=1}^{5} x_{ji} r_j = \sum_{j=1}^{5} x_{ji} \sum_{i=1}^{3} v_i c_{ij} \tag{6}$$

法案 B_i の価値 v_i は，B_i に対するコントロール能力の総供給量 S_i と総需要量 D_i の比率により変化するから，v_i を時間 t で微分することにより，その変化を求めることができる．

$$\frac{dv_i}{dt} = k\left(D_i - S_i\right) \tag{7}$$

ここで，k は均衡に到達する速度に係わる定数項である．したがって，$\frac{dv_i}{dt} = 0$ のときに，総需要量と総供給量が等しくなり各政党の価値が均衡に到達する．

3-5 均衡における各党の勢力

価値 v_i が均衡に到達するのは(7)式が 0 になることであり，$D_i = S_i$ のときに均衡となる．したがって，(5)式と(6)式より，

$$v_i = \sum_{j=1}^{5} x_{ji} \sum_{i=1}^{3} v_i c_{ij} = \sum_{i=1}^{3} v_i \sum_{j=1}^{5} c_{ij} x_{ji} \tag{8}$$

となる．

さらに(4)式 $r_j = \sum_{i=1}^{3} v_i c_{ij}$ と(8)式 $v_i = \sum_{j=1}^{5} x_{ji} \sum_{i=1}^{3} v_i c_{ij}$ から，

$$v_i = \sum_{j=1}^{5} r_j x_{ji} \tag{9}$$

となる．(9)式を再度，(4)式に代入することにより，

$$r_j = \sum_{j=1}^{5} r_j \sum_{i=1}^{3} x_{ji} c_{ij} \tag{10}$$

となる．この式(10)を行列の形式で表すと(11)式となる．

$$\mathbf{R} = \mathbf{RXC} \tag{11}$$

(11)式を展開して表すと次のようになる．

$$(r_1 r_2 r_3 r_4 r_5) = (r_1 r_2 r_3 r_4 r_5) \begin{pmatrix} x_{11} & x_{12} & x_{13} \\ x_{21} & x_{22} & x_{23} \\ x_{31} & x_{32} & x_{33} \\ x_{41} & x_{42} & x_{43} \\ x_{51} & x_{52} & x_{53} \end{pmatrix} \begin{pmatrix} c_{11} & c_{12} & c_{13} & c_{14} & c_{15} \\ c_{21} & c_{22} & c_{23} & c_{24} & c_{25} \\ c_{31} & c_{32} & c_{33} & c_{34} & c_{35} \end{pmatrix}$$

$$= (r_1 r_2 r_3 r_4 r_5) \begin{pmatrix} \sum_{i=1}^{3} x_{1i} c_{i1} & \sum_{i=1}^{3} x_{1i} c_{i2} & \sum_{i=1}^{3} x_{1i} c_{i3} & \sum_{i=1}^{3} x_{1i} c_{i4} & \sum_{i=1}^{3} x_{1i} c_{i5} \\ \sum_{i=1}^{3} x_{2i} c_{i1} & \sum_{i=1}^{3} x_{2i} c_{i2} & \sum_{i=1}^{3} x_{2i} c_{i3} & \sum_{i=1}^{3} x_{2i} c_{i4} & \sum_{i=1}^{3} x_{2i} c_{i5} \\ \sum_{i=1}^{3} x_{3i} c_{i1} & \sum_{i=1}^{3} x_{3i} c_{i2} & \sum_{i=1}^{3} x_{3i} c_{i3} & \sum_{i=1}^{3} x_{3i} c_{i4} & \sum_{i=1}^{3} x_{3i} c_{i5} \\ \sum_{i=1}^{3} x_{4i} c_{i1} & \sum_{i=1}^{3} x_{4i} c_{i2} & \sum_{i=1}^{3} x_{4i} c_{i3} & \sum_{i=1}^{3} x_{4i} c_{i4} & \sum_{i=1}^{3} x_{4i} c_{i5} \\ \sum_{i=1}^{3} x_{5i} c_{i1} & \sum_{i=1}^{3} x_{5i} c_{i2} & \sum_{i=1}^{3} x_{5i} c_{i3} & \sum_{i=1}^{3} x_{5i} c_{i4} & \sum_{i=1}^{3} x_{5i} c_{i5} \end{pmatrix}$$

この(11)式の，$\mathbf{R} = (r_1 r_2 r_3 r_4)$ は，$\mathbf{XC}$ の固有値 $\lambda = 1$ のときの $\mathbf{XC}$ の固有ベクトルである．したがって，これは単純な行列の固有値問題に還元され，

この固有値問題の解が均衡のもとでの勢力 r_j となる。ただし，**XC** の行和はすべて1である。つまり，

$$\sum_{i=1}^{3} x_i c_{i1} + \sum_{i=1}^{3} x_i c_{i2} + \sum_{i=1}^{3} x_i c_{i3} + \sum_{i=1}^{3} x_i c_{i4} + \sum_{i=1}^{3} x_i c_{i5} = \sum_{j=1}^{5}\sum_{i=1}^{3} x_i c_{ij} = 1$$

となっている。よって，コールマンは $\sum_{j=1}^{5} r_j = 1$ という制約条件を付加する。

したがって，あとは **R** = **RXC** を r_j について解けばよいことになる。(11)式を変形すれば，

$$\mathbf{RXC} - \mathbf{R} = \mathbf{0}$$
$$\mathbf{R}(\mathbf{XC} - \mathbf{I}) = \mathbf{0} \tag{12}$$

となり，展開すると以下になる。

$$(r_1 r_2 r_3 r_4 r_5)\left(\begin{pmatrix} \sum_{i=1}^{3} x_{1i}c_{i1} & \sum_{i=1}^{3} x_{1i}c_{i2} & \sum_{i=1}^{3} x_{1i}c_{i3} & \sum_{i=1}^{3} x_{1i}c_{i4} & \sum_{i=1}^{3} x_{1i}c_{i5} \\ \sum_{i=1}^{3} x_{2i}c_{i1} & \sum_{i=1}^{3} x_{2i}c_{i2} & \sum_{i=1}^{3} x_{2i}c_{i3} & \sum_{i=1}^{3} x_{2i}c_{i4} & \sum_{i=1}^{3} x_{2i}c_{i5} \\ \sum_{i=1}^{3} x_{3i}c_{i1} & \sum_{i=1}^{3} x_{3i}c_{i2} & \sum_{i=1}^{3} x_{3i}c_{i3} & \sum_{i=1}^{3} x_{3i}c_{i4} & \sum_{i=1}^{3} x_{3i}c_{i5} \\ \sum_{i=1}^{3} x_{4i}c_{i1} & \sum_{i=1}^{3} x_{4i}c_{i2} & \sum_{i=1}^{3} x_{4i}c_{i3} & \sum_{i=1}^{3} x_{4i}c_{i4} & \sum_{i=1}^{3} x_{4i}c_{i5} \\ \sum_{i=1}^{3} x_{5i}c_{i1} & \sum_{i=1}^{3} x_{5i}c_{i2} & \sum_{i=1}^{3} x_{5i}c_{i3} & \sum_{i=1}^{3} x_{5i}c_{i4} & \sum_{i=1}^{3} x_{5i}c_{i5} \end{pmatrix} - \begin{pmatrix} 1 & 0 & 0 & 0 & 0 \\ 0 & 1 & 0 & 0 & 0 \\ 0 & 0 & 1 & 0 & 0 \\ 0 & 0 & 0 & 1 & 0 \\ 0 & 0 & 0 & 0 & 1 \end{pmatrix}\right) = 0$$

この(12)式を解けばよいが，解法はいくつかある。まず，**XC** - **I** が逆行列を持つ場合には，そのまま行列を連立方程式として解けばよい。しかし，このモデルに架空のデータを幾通りか代入してみたところ，逆行列を持たない場合が多かった。もし，逆行列を持たない場合は，ムーア・ペンローズ型の一般逆行列を用いて解くことも可能であるし，反復法による解法もある。さらに，三隅 (1990, 33-51頁) が示すように，この式から5つの連立方程式を作り，制約式 $r_1 + r_2 + r_3 + r_4 + r_5 = 1$ を加えて，代入・消去法により解くこともできる。この場合は，5つの式のうち1つを除去することになる。代入・消去法の場合は，**XC** = **G** を，

$$\mathbf{G} = \begin{pmatrix} g_{11} & g_{12} & g_{13} & g_{14} & g_{15} \\ g_{21} & g_{22} & g_{23} & g_{24} & g_{25} \\ g_{31} & g_{32} & g_{33} & g_{34} & g_{35} \\ g_{41} & g_{42} & g_{43} & g_{44} & g_{45} \\ g_{51} & g_{52} & g_{53} & g_{54} & g_{55} \end{pmatrix} \quad (13)$$

として，式(12)から連立方程式をつくると，

$$r_1(g_{11}-1) + r_2 g_{21} + r_3 g_{31} + r_4 g_{41} + r_5 g_{51} = 0 \quad (14)$$

$$r_1 g_{12} + r_2(g_{22}-1) + r_3 g_{32} + r_4 g_{42} + r_5 g_{52} = 0 \quad (15)$$

$$r_1 g_{13} + r_2 g_{23} + r_3(g_{33}-1) + r_4 g_{43} + r_5 g_{53} = 0 \quad (16)$$

$$r_1 g_{14} + r_2 g_{24} + r_3 g_{34} + r_4(g_{44}-1) + r_5 g_{54} = 0 \quad (17)$$

$$r_1 g_{15} + r_2 g_{25} + r_3 g_{35} + r_4 g_{45} + r_5(g_{55}-1) = 0 \quad (18)$$

これに，制約式

$$r_1 + r_2 + r_3 + r_4 + r_5 = 1 \quad (19)$$

を加えて，r_jについて解けばよい。ただし，(14)式から(18)式の5つの連立方程式では，g_{kj}が従属関係にあるために，どれか1つを取捨して，(19)式を加えた5つの式からr_jを求めることになる[8]。

3-6 勢力拡大のための戦術

では，コールマンの基本的なモデルから，政党の勢力拡大の戦術を考えてみる。各政党の勢力r_jを決める要因は，これまでのモデルの説明から基本的には，x_{ji}とc_{ij}であると考えられる。では，各政党はx_{ji}とc_{ij}をいかに操作して，議会内で勢力を拡大することができるのであろうか。(12)式 $\mathbf{R}(\mathbf{XC}-\mathbf{I}) = 0$ を考えると，$\mathbf{R} = (r_1 r_2 r_3 r_4 r_5)$ を決定する要因は $\mathbf{XC} = \mathbf{G}$ であると予想される。ただし，各政党の勢力r_jは自身のコントロール能力と利害関心だけで決定されるのではなくて，行列の演算過程からも理解できるように，他党のコントロール能力と利害関心の分布にも依存する。しかし，現実の議会をみるならば議席数は所与であり，それによりコントロール能力はほぼ決定する。二大政党制や一党優位政党制で，与党が過半数の議席を占めている状況では，与党と

野党のコントロール能力には絶対的な差が存在する。このような状況では，野党は議会内でコントロール能力を配分する余地は殆ど無いに等しい。よって，野党の戦術は議会内で他党との連携などをする以外には，自身の利害関心を各法案に如何に配分するのかが勢力拡大の方法として考えられる。

政党は複数ある法案に対して，どのように利害関心を配分することが勢力拡大に繋がるのであろうか。まず，前節の(13)式の行列 **XC** の各成分 $g_{kj} = \sum_{i=1}^{3} x_{ji}c_{ij}$ の意味を明確にしておく。x_{ji} は法案に対する利害関心であり，そこには政党間の利害関係があり $\sum_{i=1}^{3} x_{ji} = 1$ となっていいる。c_{ij} は各政策に対するコントロール能力であり，$\sum_{j=1}^{5} c_{ij} = 1$ となっている。よって，この行列の非対角要素は，ある政党の利害関心が全体としてどの程度他党のコントロール能力による統制下に置かれているのかを表している（三隅，1990，43頁）。

g_{kj} の対角要素（$k=j$）は，自分自身がもつ利害関心に対するコントロール能力である。したがって，各政党は，この対角要素（$k=j$）を最大化することが，議会内での究極の目的となり，それにより勢力を最大化させることが合理的行動となる。基本的に c_{ij} は議会内の議席数でほぼ決定されるものであり，各政党自身で自由に変化させることは不可能である。だが，政党は利害関心 x_{ji} の配分方法により **XC** を変化させることが可能である。

では，政党は利害関心を如何に配分することで，自身の勢力の中核をなす $g_{kj}(k=j)$ を最も拡大させることができるのかを簡単な例から考察する。ここでは，議会を単純化し2つの A 党（P_1）と B 党（P_2）からなるとして，A 党の勢力拡大方法について考えてみる。政策の利害関心とコントロール能力の行列は以下のようになる。

$$\mathbf{X} = {}_j\begin{pmatrix} x_{11} & x_{12} \\ x_{21} & x_{22} \end{pmatrix}^{i} \quad \mathbf{C} = {}_i\begin{pmatrix} c_{11} & c_{12} \\ c_{21} & c_{22} \end{pmatrix}^{j}$$

A 党（P_1）の関心は（$x_{11} x_{12}$）の行ベクトルであり，コントロール能力は（$c_{11} c_{21}$）の列ベクトルである。よって，その積を

第3章 交換ネットワーク理論による政党間競争の分析 99

$$f(x_{1i}) = x_{11}c_{11} + x_{12}c_{21} \tag{20}$$

とする。

この(20)式は A 党の利害関心が A 党自身のコントロール能力下に置かれている割合である。ちなみに，$x_{11}c_{12} + x_{12}c_{22}$ は，A 党の利害関心が B 党のコントロール能力下に置かれている割合である。したがって，(20)式の最大化を非負条件 $x_{ji} \geq 0$, $c_{ij} \geq 0$ かつ $\sum_{i=1}^{2} x_{ji} = 1$ のもとで求めればよいことになる。これは，一見すると線形計画法で解けるようにみえるが，制約条件が無いに等しい。民主的な議会制度において，政党がいかなる政策に対して，どのように関心を注ぐのかは政党の完全な自由であるから，制約条件が無いに等しいことは当然である。

では，(20)式の最大値 $\max_{1i} f(x_{1i}) = x_{11}c_{11} + x_{12}c_{21}$ を $x_{11} + x_{12} = 1$ かつ，$x_{11} \geq 0$, $x_{12} \geq 0$, $c_{11} \geq 0$, $c_{21} \geq 0$ の条件のもとで求める。ここで，

$$x_{11}c_{11} + x_{12}c_{21} = 0$$

つまり

$$x_{12} = -\frac{c_{11}}{c_{21}}x_{11} \tag{21}$$

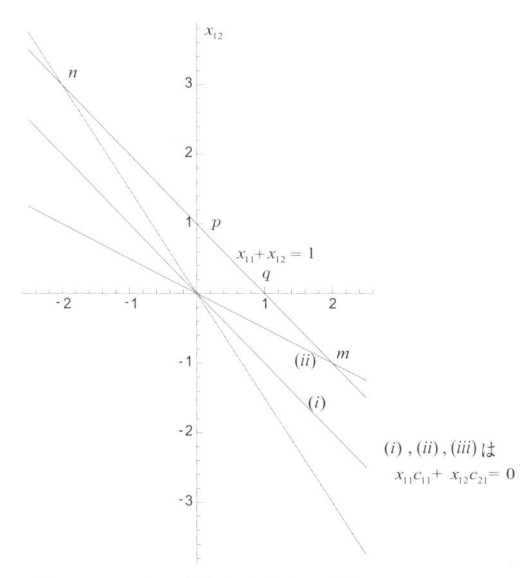

図 3-1：A 党の利害関心配分の戦術

として，幾何的に図示すると図3-1になる。$c_{11} = c_{21}$ のときは，$x_{11}c_{11} + x_{12}c_{21} = 0$ は $x_{11} + x_{12} = 1$ に平行であり (i) のようになるから，制約のなかで考えると，x_{11} と x_{12} は図3-1の線分 pq 上の全ての組み合わせとなる。$c_{11} < c_{21}$ のときは，$x_{11}c_{11} + x_{12}c_{21} = 0$ は図1の (ii) のような傾きとなり，x_{11} 軸の下側の点 m で $x_{11} + x_{12} = 1$ と交差する。よって，交差する点 m の座標で x_{12} は負であり，x_{11} は正であるから，$x_{11} + x_{12} = 1$ と $x_{12} \geq 0$ の制約から $x_{12} = 0$，$x_{11} = 1$ で $\max_{1i} f(x_{1i})$ となる。

$c_{11} > c_{21}$ のときは，$x_{11}c_{11} + x_{12}c_{21} = 0$ は図中の (iii) のような傾きとなり，x_{12} 軸の左側の点 n で $x_{11} + x_{12} = 1$ と交差する。よって，交差する点 n の座標で x_{12} は正であり，x_{11} は負であるから，$x_{11} + x_{12} = 1$ と $x_{11} \geq 0$ の制約から $x_{12} = 1$，$x_{11} = 0$ で $\max_{1i} f(x_{1i})$ となる。

$\max_{1i} f(x_{1i})$ の具体的意味は，c_{ij} の大小関係を考えれば簡単である。もし，A党の c_{i1} が全て均一であるならば，つまり複数の法案に対して政党 P_j 自身のコントロール能力が全て均一ならば，A党は利害関心 x_{1i} を各法案にどのように配分しても $f(x_{1i})$ は変化せず一定であり，それが最大値である。また，複数の法案でコントロール能力が同じ政策が複数存在すると，A党はそのコントロール能力の等しい法案に対してはいかなる配分も可能である。ただし，コントロール能力間に大小関係が存在するときに $\max_{1i} f(x_{1i})$ とするためには，コントロール能力が最も高い法案に全ての関心を集中させなくては $\max_{1i} f(x_{1i})$ にならないのである。

最もコントロール能力の高い法案に利害関心を集中させることが，政党の勢力を拡大させることになる。しかし，これはコールマンの比例配分の原則に反する。もし，利害関心を必ず比例配分するならば，コールマンの理論は合理的選択理論の枠組みを持ちながら，行為者が完全な合理的行動を採れない場合があることになる。現実の議会や社会に沿って交換を考えるならば，市民や政党の行動においても，完全に何か1つに自身の利害関心を集中させることは不可能である。利害関心を1つに集中することは，合理性以前に，社会的規範からの逸脱を招く。政党は山積する政策課題のなかで，1つの法案を除いて他の法

案を無視することはあり得ない。完全に1つのことに利害関心を手中させるということは，議会内で他の政策課題や法案の審議，協議を拒否することであり，その後の新たな交換過程に負の影響を及ぼすことになる。したがって，政党はコントロール能力の低い法案に関しては，限りなくその利害関心を小さくし，コントロール能力の大きい法案に利害関心を注ぐことが合理的行動となる。コールマンの1990年の理論（Coleman, 1990）では，権利の交換過程で規範ができることを示唆している。本章のモデルのなかでも，c_{ij} に議会の規範や次回選挙での得票なども含めれば，それらの利害関心の値が0になることはなく，行為者が利害関心を比例配分することが合理的になる。

次に，政党が利害関心 x_{ji} を変化させることにより，r_j を拡大させることができるのかを確認しておく。同じく，2つの政党A党（P_1）とB党（P_2）からなる議会における法案 B_1 と B_2 の交換過程で，A党が r_1 を大きくするメカニズムを検証する。

(12)式から

$$(r_1 \, r_2)\left(\begin{pmatrix} x_{11} & x_{12} \\ x_{21} & x_{22} \end{pmatrix}\begin{pmatrix} c_{11} & c_{12} \\ c_{21} & c_{22} \end{pmatrix} - \begin{pmatrix} 1 & 0 \\ 0 & 1 \end{pmatrix}\right) = \mathbf{0}$$

$$(r_1 \, r_2)\begin{pmatrix} x_{11}c_{11} + x_{12}c_{21} - 1 & x_{11}c_{12} + x_{12}c_{22} \\ x_{21}c_{11} + x_{22}c_{21} & x_{21}c_{12} + x_{22}c_{22} - 1 \end{pmatrix} = \mathbf{0} \quad (22)$$

のようになる。(22)式を展開すると(23)(24)式となる。r_1 と r_2 には(25)式の制約がある。

$$r_1(x_{11}c_{11} + x_{12}c_{21} - 1) + r_2(x_{21}c_{11} + x_{22}c_{21}) = 0 \quad (23)$$

$$r_1(x_{11}c_{12} + x_{12}c_{22}) + r_2(x_{21}c_{12} + x_{22}c_{22} - 1) = 0 \quad (24)$$

$$r_1 + r_2 = 1 \quad (25)$$

したがって，r_1 と r_2 を求めるには，(23)式と(24)式のどちらかと，(25)式による連立方程式を解くことになる。ここでは(23)式と(25)式を用いて解く。(23)式で $x_{11}c_{11} + x_{12}c_{21} - 1 = \alpha$，$x_{21}c_{11} + x_{22}c_{21} = \beta$ とする。すると(23)式は(26)式と表される。

$$r_2 = -\frac{\alpha}{\beta}r_1 \quad (26)$$

ここで

$$-1 < \alpha < 0$$

である。この状況でA党のコントロール能力が，まず$c_{11} > c_{21}$のときにx_{11}とx_{12}をいかにすればよいのかを考える。これを幾何的に図示すると図3-2の(i)になる。図3-2をみれば，r_1を大きくするためには，(26)式の傾きが緩やかになればよい。よって，αが小さくなるか，βが大きくなればよい。αにおいてx_{11}を大きくすれば$x_{11}c_{11} + x_{12}c_{21}$は大きくなるが，$x_{11}c_{11} + x_{12}c_{21} - 1$は小さくなるので，$\alpha$は小さくなる。$\beta$にはB党の利害関心$x_{21}$, x_{22}しか含まれていないので，βは変化しない。よって$r_2 = -\frac{\alpha}{\beta}r_1$の傾きは緩やかになり，$r_1$は大きい値をとることになる。図3-2の$(ii)$では，直線$r_1 = r_2$の傾きに$(ii)$を近づけることで，$r_1$は大きい値をとる。よって，逆$(c_{11} \leq c_{21})$もしかりである。よって，政党Aが弱小政党であったとしても，利害関心x_{ji}を変化させて**XC**の対角成分を大きくすることにより，勢力r_jを拡大させることは可能である。

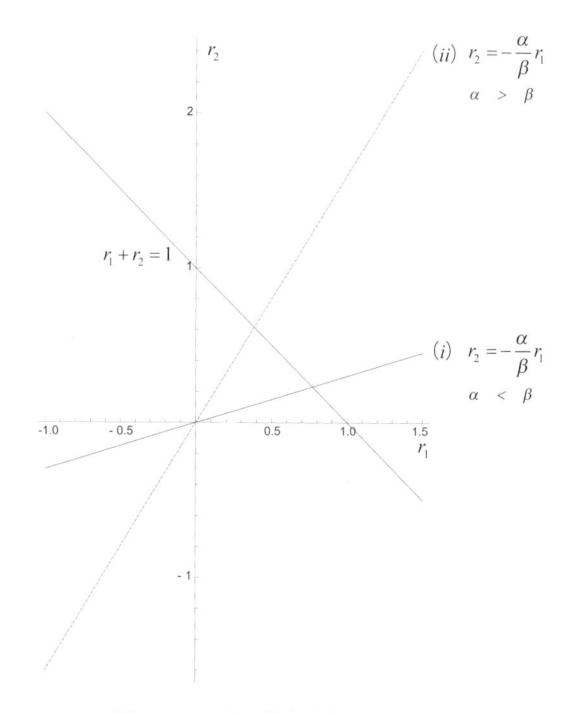

図3-2：A党の勢力拡大の戦術

4. 交換ネットワーク

4-1 政党のネットワーク

　前節の政党間競争は全ての政党間で交換が行われているから，全ての政党が互いにネットワークで繋がっており，法案の審議などに対してフォーマル，インフォーマルにも政党間で意見交換できる状況にあることを示している。本節では，この自由な意見交換がある1つの政党では部分的に，または完全に分断されている状況を想定して，政党間競争をモデル化してみる。政党のネットワークとは，ここでは，あくまでも政党の議会内における政策・法案などに関わるフォーマル，インフォーマルにわたる審議や交渉の活動であり，連立政権などの形態も含めた政党間の繋がりとする。

　前節で紹介したコールマンの基本的な交換理論モデルでは，政党の勢力を創出するコントロール能力 c_{ij} の分布は所与である。そもそも，現実には行動主体のコントロール能力の分布は所与であり，個々の主体の属性で決定されている[9]。議会内では，コントロール能力を形成する要素の第1が政党の所属議員数であり，第2が所属議員のキャリア，第3が各委員会における所属議員の数，委員長ポストの数となるであろう。しかし，勢力 r_j は議員の属性や政党のコントロール能力，法案に対する利害関心の配分だけでは決定されるものでない。これまでのモデルの演算過程から理解されるように，自身の利害関心の一部もが他党の制御下に置かれて，他党の影響を常に受けている。この状況は他党との繋がり，ネットワークの存在によりもたらされる。

　では，ネットワークの影響を確認するために最低限必要な3つの政党，A党 (P_1)，B党 (P_2)，C党 (P_3) と，3つの法案 B_1，B_2，B_3 の利害関心とコントロール能力の行列で考えてみる[10]。**X** と **C** は次のように表され，**XC** は(27)式となる。

$$\mathbf{X} = \begin{pmatrix} x_{11} & x_{12} & x_{13} \\ x_{21} & x_{22} & x_{23} \\ x_{31} & x_{32} & x_{33} \end{pmatrix} \mathbf{C} = \begin{pmatrix} c_{11} & c_{12} & c_{13} \\ c_{21} & c_{22} & c_{23} \\ c_{31} & c_{32} & c_{33} \end{pmatrix}$$

$$\mathbf{XC} = \begin{pmatrix} x_{11}c_{11} + x_{12}c_{21} + x_{13}c_{31} & x_{11}c_{12} + x_{12}c_{22} + x_{13}c_{32} & x_{11}c_{13} + x_{12}c_{23} + x_{13}c_{33} \\ x_{21}c_{11} + x_{22}c_{21} + x_{23}c_{31} & x_{21}c_{12} + x_{22}c_{22} + x_{23}c_{32} & x_{21}c_{13} + x_{22}c_{23} + x_{23}c_{33} \\ x_{31}c_{11} + x_{32}c_{21} + x_{33}c_{31} & x_{31}c_{12} + x_{32}c_{22} + x_{33}c_{32} & x_{31}c_{13} + x_{32}c_{23} + x_{33}c_{33} \end{pmatrix}$$

(27)

XC において，A 党自身のコントロール能力の統制下にある各法案に対する利害（対角成分）は，A 党のコントロール能力と関心によってのみ決定される。これは B 党，C 党も同じである。A 党の非対角成分において他党との関係は x_{1i} と c_{i1} の比率だけであり，そこから最終的に勢力が導出される。したがって，コールマンのモデルは利害関心とコントロール能力の差を前提としている。これは，議会内の政党間競争をモデル化する上でなんら不都合を生じさせるものではない。

だが，議会内での政党間競争は，政党の有するコントロール能力と政策関心だけで決定されるものではない。政党は与野党ともに勢力拡大を目指して，法案によっては連携することもある。また，その逆に1つの政党が，政策に対する考え方の相違から分裂して，一方が他党と合併したり，新党を結成したりする場合もある。このような状況は，政党間のネットワークの変化と捉えることができる。コールマンの交換モデルにネットワーク分析の視座を導入したのが，弟子のマースデン（Marseden, 1983）である[11]。本節では，このマースデンの基本的モデルを紹介している三隅（1990, 33-51 頁）のモデルに沿って，ネットワークの視座を導入する。

4-2 ネットワークによる制約

前項の(27)式の **XC** の成分を $g_{kj} = \sum_{i=1}^{3} x_{ki}c_{ij}$ とする。ただし，$\sum_{j=1}^{3} g_{kj} = 1$ とする。ここで k と j は政党を示し，i は法案を示す添え字である。これらの意味は，前節で論じたように，$k=j$ のときは対角成分であり，政党 $k=j$ の各

法案に対する利害がどれだけ自身のコントロール能力の統制下にあるのかを表している。

ネットワークを表す隣接行列を $\mathbf{A}$ とする。

$$\mathbf{A} = \begin{pmatrix} a_{11} & a_{12} & a_{13} \\ a_{21} & a_{22} & a_{23} \\ a_{31} & a_{32} & a_{33} \end{pmatrix} \quad (28)$$

ここで，

$$a_{kj} \begin{cases} 1 : k \neq j \text{であり}, k \text{と} j \text{の間で交換が可能なとき} \\ 0 : k \neq j \text{であり}, k \text{と} j \text{の間で交換は不可能なとき} \\ 1 : k = j \text{であるとき} \end{cases}$$

となるような政党間のネットワークを決定する行列を作成する。

前節のように $\mathbf{XC} = \mathbf{G}$ として，その成分を $g'_{kj} = \frac{a_{kj}g_{kj}}{g'_{k.}}$ と再定義して，ネットワークを導入する。これがマースデンの基本的なモデルである（三隅，1990，43-44 頁）。

まず，ネットワークの制約が無く，つまり全ての政党がネットワークで繋がっている状況を考えると，このとき $\mathbf{A}$ の要素は全て1となり，$g'_{kj} = g_{kj}$ である。このとき各政党の勢力は，(12)(27)式をもとにして，$r_1(g_{11}-1) + r_2 g_{21} + r_3 g_{31} = 0$, $r_1 g_{13} + r_2 g_{23} + r_3 (g_{33}-1) = 0$, $r_1 + r_2 + r_3 = 1$ から求めると，以下のように求まる[12]。

$$r_1 = \frac{g_{21} + g_{23}g_{31} - g_{21}g_{33}}{(g_{23} - g_{13})(1 - g_{11} - g_{31}) - (1 - g_{11} - g_{21})(-1 - g_{13} - g_{33})}$$

$$r_2 = \frac{1 - g_{11} - g_{13}g_{31} - g_{33} + g_{11}g_{33}}{(g_{23} - g_{13})(1 - g_{11} - g_{31}) - (1 - g_{11} - g_{21})(-1 - g_{13} - g_{33})}$$

$$r_3 = \frac{g_{13}(1 - g_{11} + g_{21}) + (1 - g_{11})(g_{23} - g_{13})}{(g_{23} - g_{13})(1 - g_{11} - g_{31}) - (1 - g_{11} - g_{21})(-1 - g_{13} - g_{33})}$$

では，次にネットワークに制約を付けてみる。ここでは2つのケースを考えてみる。ケース1は，A党とC党がネットワークで繋がり，B党はいずれの政党とも繋がっていない状況である。ケース2は，A党とC党が繋がり，C

党はB党と繋がっている場合である．このときA党とB党は繋がっていない．

ケース1で各党の勢力を求めると，

$$(r_1 \, r_2 \, r_3) \begin{pmatrix} g_{11}-1 & 0 & g_{13} \\ 0 & g_{22}-1 & 0 \\ g_{31} & 0 & g_{33}-1 \end{pmatrix} = \mathbf{0}$$

となり，これを(32)式の $r_1 + r_2 + r_3 = 1$ とともに解けばよい．

$$r_1(g_{11}-1) + r_3 g_{31} = 0 \tag{29}$$

$$r_2(g_{22}-1) = 0 \tag{30}$$

$$r_1 g_{13} + r_3(g_{33}-1) = 0 \tag{31}$$

$$r_1 + r_2 + r_3 = 1 \tag{32}$$

よって，(29)(30)(31)式の中から1つ取捨して，(32)式を加えて解けばよい．しかし，用いる式により解が異なり次のようになる．

(29)(30)(32)式では，

$$(r_1 \, r_2 \, r_3) = \left(\frac{g_{31}}{1-g_{11}+g_{31}} \; 0 \; \frac{1-g_{11}}{1-g_{11}+g_{31}} \right) \tag{33}$$

(30)(31)(32)式では，

$$(r_1 \, r_2 \, r_3) = \left(\frac{1-g_{33}}{1+g_{13}-g_{33}} \; 0 \; \frac{g_{13}}{1+g_{13}-g_{33}} \right)$$

となる[13]．

しかし，(29)(31)(32)式では

$$(r_1 \, r_2 \, r_3) = (0 \, 1 \, 0)$$

となる．

(29)(30)(32)式と(30)(31)(32)式を用いた解き方では，(30)式に $(g_{22}-1)$ が入ることにより，$\sum_{j=1}^{3} g_{kj} = 1$ という制約から $r_2=0$ となる．しかし，(29)(31)(32)式では，(30)式が無いので，$\sum_{j=1}^{3} g_{kj} = 1$ という制約が無い．さらに，(29)(31)式で g_{kj} は一次独立となることから，$r_1=0$，$r_3=0$ となり，$r_2=1$ となる．

ネットワークから外れた政党Bの勢力が0になることは，次のように考えられる．政党Bのコントロール能力が他の全ての政党に対して相対的に小さ

いならば，ネットワークから除外されることは，法案に係る交渉や審議から外されるか，審議拒否のように自ら外れる状況である。また，政党Bの勢力が1になることは，B党のコントロール能力が他の政党に対して相対的に大きいならば，ネットワークを自ら断ち切ることにより，他党との議論をしないで法案の強行採決を行う状況である。ただし，$c_1 > c_2 \geq c_3$ の条件があるならば，B党が自らネットワークを断ち切ることはない。

ケース2で，各党の勢力を求めると次のようになる。

$$(r_1\ r_2\ r_3) \begin{pmatrix} g_{11}-1 & 0 & g_{13} \\ 0 & g_{22}-1 & g_{23} \\ g_{31} & g_{32} & g_{33}-1 \end{pmatrix} = \mathbf{0} \quad (34)$$

$$r_1(g_{11}-1) + r_3 g_{31} = 0 \quad (35)$$

$$r_2(g_{22}-1) + r_3 g_{32} = 0 \quad (36)$$

$$r_1 g_{13} + r_2 g_{23} + r_3(g_{33}-1) = 0 \quad (37)$$

$$r_1 + r_2 + r_3 = 1 \quad (38)$$

(35)(36)(38)式を用いた場合
$$r_1 = \frac{g_{31}-g_{22}g_{31}}{(g_{22}-1)(1-g_{11}+g_{31})-(1-g_{11})g_{32}}$$
$$r_2 = \frac{(-1+g_{11})g_{32}}{(g_{22}-1)(1-g_{11}+g_{31})-(1-g_{11})g_{32}}$$
$$r_3 = \frac{(-1+g_{11})(-1+g_{22})}{(g_{22}-1)(1-g_{11}+g_{31})-(1-g_{11})g_{32}}$$

となる。この場合，B党がネットワークに繋がっていないケース1の(33)式の勢力と比較すると，明らかにB党はケース2の方で勢力が大きいことが分かる。よって，$c_1 > c_2 \geq c_3$ ならば，政党Bは孤立するよりも必然的に他党との繋がりを保つのである。

これまでの結果は，議会政治において重要な意味を持つであろう。議会とは政党，院内会派，議員による自由な議論から成立するものである。政党も議会制民主主義の下で，自由主義の原則から発達してきたものである。したがって，現実の側面として，議会において審議拒否や他党との協議を行わないことが民主主義の原則に適うか否かは別として，それも1つの戦術である。だが，自由な議論が建前としてあり，もう一方で政党の議会内での協議の在り方も自由であるとするならば，交換ネットワークモデルによるこの例ように，ネットワークか

ら除外された政党は議会内での勢力を喪失してしまうのである。よって，ここに議会内での議論と協議の自由を再考する必要があり，現実の法案審議過程での協議や審議の拒否が本来あるべき議会の機能を麻痺させることを示している。

4-3　政党の分裂

では，政党の分裂を交換ネットワークモデルを用いて，そのメカニズムを詳細に検証してみたい。政党分裂や，議員の政党間移動を対象とした研究の蓄積は多い。1993年の自民党分裂を対象としたものだけでも河野（1995），コックスとローゼンブルース（Cox and Rosenbluth, 1995），大嶽（1995），伊藤（1996），加藤（kato, 1998）リードとシャイナー（Reed and Scheiner, 2003）待鳥（2007），建林（2002），山本（2010）がある。ただし，これらの先行研究は個人の属性に焦点を当てた分析であり，派閥の意向，個人の当選回数が主要因として析出されている。本節では，交換ネットワークモデルを用いて，分裂によるネットワーク変化がもたらす政党勢力変化の観点から，政党が分裂する意味を考えみる。

政党が分裂する場合は，3つのケースが想定される。ケース1は分裂して新たな政党として結党する場合。ケース2は，分裂して既成政党に合流する場合。ケース3は分裂した議員が無所属となる場合である。いずれのケースにしろ，これまでの先行研究では，党内に留まることにより利益配分が少なくなる（Cox and Rosenbluth, 1995）ことや，再選，昇進，政策志向性の追求（Kato, 1998, 建林 2002）が，分裂の主要因とされている。これらの研究は，基本的に分裂までの時点のデータを用いた仮説検定による合理的推論として説得力を持つ。だが，後追いの感もある。分裂後の政党や離党した議員の消息は，彼らの合理性を裏切っている場合が多く見られる。したがって，再選可能性や昇進などの中長期的な目標は実現し難い。しかし，離党，分裂した議員の目的が再選可能性，昇進，政策志向性に関わることは正しいように思われる。よってここでは，それらの目的が実現できないにせよ，政党は離党や分裂することにより一時的にでも勢力が高めることが可能か否かを検証する。

前節と同様に3つの政党，A党，B党，C党が存在するが，当初はA党とB党は同一の政党内の派閥とする。また，3つの法案が存在する議会の状況を想定する。3政党の法案に対するコントロール能力は，

$$c_{\cdot 1} \geq c_{\cdot 2} > c_{\cdot 3}$$

とする。また，A党とB党が当初同一であるから，$r_1 \geq r_2 > r_3$ とする。

ネットワークが完全に繋がっている場合の **XC** は，

$$\mathbf{X} = \begin{array}{c} \\ A党 \\ B党 \\ C党 \end{array} \begin{pmatrix} B_1 & B_2 & B_3 \\ x_{11} & x_{12} & x_{13} \\ x_{21} & x_{22} & x_{23} \\ x_{31} & x_{32} & x_{33} \end{pmatrix} \quad \mathbf{C} = \begin{array}{c} \\ B_1 \\ B_2 \\ B_3 \end{array} \begin{pmatrix} A党 & B党 & C党 \\ c_{11} & c_{12} & c_{13} \\ c_{21} & c_{22} & c_{23} \\ c_{31} & c_{32} & c_{33} \end{pmatrix}$$

となっている。

分裂直前の法案への利害関心は，A党とB党は同一政党であるから

$$\left. \begin{array}{c} x_{11} + x_{12} + x_{13} = 1 \\ \parallel \quad \parallel \quad \parallel \\ x_{21} + x_{22} + x_{23} = 1 \\ x_{31} + x_{32} + x_{33} = 1 \end{array} \right\} \quad \begin{array}{l} \text{ただし}, x_{11} > x_{12} > x_{13} \\ x_{21} > x_{22} > x_{23} \\ x_{31} \lesseqgtr x_{32} \lesseqgtr x_{33} \text{ とする。} \end{array}$$

法案に対するコントロール能力は

$$\left. \begin{array}{c} c_{11} + c_{12} + c_{13} = 1 \\ c_{21} + c_{22} + c_{23} = 1 \\ c_{31} + c_{32} + c_{33} = 1 \end{array} \right\} \quad \begin{array}{l} \text{ただし } c_{11} \geq c_{12} > c_{13} \\ c_{21} \geq c_{22} > c_{23} \\ c_{31} \geq c_{32} > c_{33} \text{ とする} \end{array}$$

では，このような状況で，B党は再選可能性や昇進可能性を高めるために法案などに関して政策志向の不一致を理由として分裂するとする。分裂の原因が政策志向の不一致であるとしても，また再選可能性，昇進可能性であるとしても，B党はそれまではA党と同じく $x_{21} > x_{22} > x_{23}$ であるが，分裂の意思を固めた後には，$x_{23} > x_{21} > x_{22}$ になっているとする。このとき，B党の各法案に対する当初のコントロール能力 c_{12}，c_{22}，c_{32} にも変化があると考えられる。B党が分裂の理由を法案に関わる政策志向の不一致として，分裂前と異なる法案を強く主張するのであれば，理由はその法案に対して一日の長がありコント

ロール能力が高いからである。よって、c_{12}, c_{22}, c_{32} に新たな大小関係が形成され、それは利害関心と連動して $c_{32} > c_{12} \geq c_{22}$ となると予想される。よって、分裂の意思を固めた後で分裂直前のB党は、意思に反してA党と同じ利害関心を装っているのであるから、勢力は低下している。なぜならば、もっともコントロール能力の高い x_{23} に利害関心を集中させていないからである。そして、分裂したら、コントロール能力は大きく変化するから、次のようになるとする。

$$\begin{array}{cccc} & A党 & B党 & C党 \\ B_1 & c_{11} > & c_{12} \geq & c_{13} \\ B_2 & c_{21} > & c_{22} \geq & c_{23} \\ B_3 & c_{31} > & c_{32} \geq & c_{33} \end{array}$$

このような状況で、B党はいかなる行動をとれば良いのであろうか。ネットワークにおいて、B党は分裂してどの政党ともネットワークで繋がっていないと、勢力は0になる。よって、B党は必然的に何れかの政党と繋がりを持たなければならない。ここでは、B党はC党と繋がりを持ち、A党とも反目するが繋がりを持つとする。これにより、勢力が0になることは回避できる。しかし、さらに勢力を拡大させる方法もある。前節でみた利害関心の配分である。

分裂直前の $\mathbf{XC} = \mathbf{G}$ を考えると、B党の各政策に対する利害が自身のコントロール能力の統制下にあるのは、$\mathbf{G}$ の対角成分であり、

$$x_{21}c_{12} + x_{22}c_{22} + x_{23}c_{32}$$

である。B党の c_2 の大きさは、分裂前よりも変化して $c_{32} > c_{12} \geq c_{22}$ と予想されるから、前節にしたがえば x_2 の配分を変化させ、最もコントロール能力の高い c_{32} の x_{23} に利害関心を集中させることが、B党の勢力拡大の方法である。

よって、$f(x_2) = x_{21}c_{12} + x_{22}c_{22} + x_{23}c_{32}$ を最大化させるように x_2 の大きさを決定すればよい。B党の c_2 の大きさが、分裂前から変化した $c_{32} > c_{12} \geq c_{22}$ の状況を検証すればよいが、一般化のために他の状況も考慮すると、3次元政策空間であるから法案への利害関心に合わせて3つのケースが考えられる。図3-3は政党Bの政策に対する利害関心 $f(x_2)$ による3次元空間である。このとき $c_{12}c_{22}c_{32}$ を通る平面を abc とする。B党は $x_{21} + x_{22} + x_{23} = 1$ と c_2 の大小関係の2つの制約の中で $f(x_2)$ を最大化させればよい。

まず，$c_{12} > c_{22} \geq c_{32}$ の場合である．これをケース1とする．次いで，$c_{22} > c_{12} \geq c_{32}$ の場合である．これをケース2とする．最後に，$c_{32} > c_{12} \geq c_{22}$ の場合である．これがケース3であり，本項での主題である．

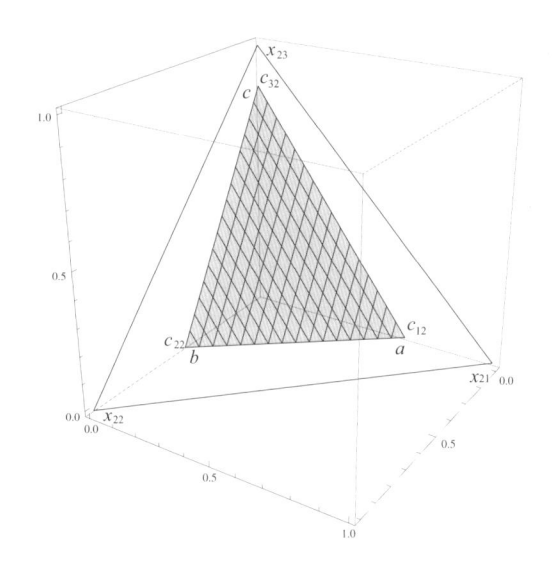

図 3-3：B党の3次元政策空間における勢力拡大の方法（$c_{32} > c_{12} \geq c_{22}$ の場合）

ケース1では，平面 abc が x_{21} 軸の下側で，x_{21} が1より大きい位置で平面 $x_{21}x_{22}x_{23}$ と交差する．ケース2では，平面 abc が x_{22} 軸の下側で，x_{22} が1より大きい位置で平面 $x_{21}x_{22}x_{23}$ と交差する．ケース3では，平面 abc が x_{23} 軸を突き抜けて，x_{23} が1より大きい位置で平面 $x_{21}x_{22}x_{23}$ と交差する．

したがって，ケース1では，$x_{21}=1$，$x_{22}=x_{23}=0$ で $f(x_{2.})$ は最大値となる．ケース2では，$x_{22}=1$，$x_{21}=x_{23}=0$ で $f(x_{2.})$ は最大値となる．ケース3では，$x_{23}=1$，$x_{21}=x_{22}=0$ で $f(x_{2.})$ は最大値となる．

B党はA党と一緒にいるうちは政策の利害関心を一致させている．しかし，分裂の原因が政策志向の不一致であるならば，B党は分裂後にコントロール能力が大きく後退することになり，ネットワークから除外されれば勢力は0にな

る。もしB党がC党とネットワークで繋がると，B党の勢力は小さいが0ではない。つまり，C党と連合や提携をするならば，B党は，図3-3の$x_{21}+x_{22}+x_{23}=1$の平面と原点の内部に位置することになり，$f(x_2)$の最大値は1にはならない。よって分裂した政党は，その前後で法案の利害関心を異ならせており，多くの場合コントロール能力も低下しているが，他党とのネットワークを形成し，自身が最もコントロール能力の高い法案に利害関心を集中させることにより勢力を拡大させることが可能になるのである。

以上の論理を現実の政党分裂に当てはめてみるならば，次のように考えられる。少なくともA党とB党が1つの政党として存在してはいるが，実態は内部分裂の状況にあり，B党の構成員が議会において何の役職，特典，恩恵に与れない状況に置かれ，自身の関心も無くコントロール能力も無い法案に対してプライオリティを高くするよりは，分裂して小政党に陥落しても他の小政党とネットワークを結び連携した方が一時的ではあるにせよ，勢力拡大をもたらすのである。ただし，それは他党のコントロール能力と利害関心が，分裂前後で同じという条件が必要である。これらの条件が変化すれば，他党とのネットワークを構築しても勢力拡大は保証されない。他党が条件を変化させれば，勢力は一変する可能性があり不安定な状況になる。だからこそ，政党は不安定な期間を短くして，全てをリセットして議席拡大のチャンスがある選挙直前に分裂する方が合理的なことになる。

5．おわりに

本章では，交換ネットワークモデルから議会における政党間競争の論理を分析した。特に，1993年の55年体制崩壊後にみられるようになった政党間競争の一側面としての争点の単純化，1つの政策や法案への執着，および政党の分裂に関する政党の行動論理を検証した。

第1に，政党による争点の単純化，1つの政策や法案へ執着する論理構造は，次のように考えられる。政党が争点を単純化させたり，1つの政策や法案へ執

着することは，ポピュリズムを背景とした有権者動員の手段とみられる側面が大きかった．だが，モデルから導出された結果をみると，議会内では自身が最もコントロール能力を持つ法案に対して，利害関心を集中させることが政党の勢力拡大をもたらすのである．したがって，2005年の小泉政権における郵政民営化一色になった議会や，結党時に一貫して公務員制度改革を主張したみんなの党，地方政党では議会において殆どの政策を大阪都構想に関連させる橋下知事，同様に住民税10%減税を全ての政策的基礎とする河村名古屋市長の手法も，合理的であったのである．もし，政党が1つの争点や法案に対して利害関心を完全に集中させることが最も勢力拡大をもたらすならば，一見するとコールマンの利害関心の比例配分を原則としたモデルでは，政党は合理的行動を採れないことになる．しかし，コールマンは交換により規範が既に存在しているとする．規範は当然，政党が議会で遵守すると同時に，有権者に対するアピールを政党に保持させることにもなる．したがって，完全に1つの争点，法案に利害関心を集中させなくとも，政党の合理性は保たれる．

　第2に，政党分裂の論理構造は，次のように考えられる．政党の派閥は，政策的主張が他派閥と異なるときに無理して党内にとどまるよりも，分裂して他党とのネットワークを築いた方が，一時的ではあるが勢力は拡大する．しかし，分裂した相手側よりも議席数が多くなるネットワークを築かなければ，決して元の政党のときの勢力よりは大きくならないのである．これらのことが論理的に導出されることから，現実の政党が多くの場合，なぜ選挙直前に分裂するのかが理解できる．それは分裂して他党とネットワークを築いて一時的には勢力を拡大するが，他党の対応次第では勢力の弱体化は免れない．勢力の弱体化は，有権者に対しても負の効果しかない．よって，その期間を最小にするために選挙直前に分裂することによりリスクを最小化にして，今度は選挙を競争の舞台として，争点の単純化，1つの争点や法案に執着して勢力拡大を目指すのである．

　本章ではコールマンによる交換ネットワークモデルの最も基礎的な部分を用いて分析モデルを構築した．交換ネットワークモデルは，政治過程の研究対象

にも多くの適用が可能と考えられる。しかし，このモデルに対する様々な批判も展開されている。社会科学において自然科学と同様の一般理論の構築が可能か否かは別として，太郎丸（2005）が論じるようにコールマンのモデルに対する批判は，今後の研究者が解決していく課題である。

1) 日本では，法案とは国会に提出された段階の法律案であり，それが委員会や本会議での審議においては議案とされる。しかし，本章では便宜上その両方を法案と記述する。
2) ただし，日本の政党がこのような両面性を必ずしも完全に備えている，ということを主張するのが本章の目的ではない。
3) 議会に関する多くの専門的研究では，委員会，本会議で議題となっている法案は議案とされる。ジャーナリズムなどでは，全て法案と書かれる場合もある。本章では 便宜上その議案も法案として記述する。
4) コールマン（Coleman, 1973）とエマーソン（Emerson, 1972）の研究は，当初は共に交換理論にネットワーク分析の視点を導入したものであるが，その後の研究の方向性は分化した。エマーソンの流れをくむ研究者は小さなネットワークにおける交換関係によおける権力発生メカニズムを理論化してきた。また，コールマン（Coleman, 1990）やマースデン（Marseden, 1983）の流れをくむ研究は，社会構造，社会過程を全体を交換ネットワークなどの演繹理論により体系化を行ってきた。
5) 法案だけでなく，政党が利害関心を持つ事象であるのならば何でもよい。例えば，次の選挙での議席増加，政党の名称変更などでもよい。
6) 総和が1になることは，5つの政党以外の外部者からのコントロールが無いことを仮定している。
7) 総和が1になることは，各政党が現在のところ議案になっていない法案以外には関心を注がないということである。
8) 勢力は以上の計算から求められる。その勢力の下，つまり均衡では，コントロール能力の交換により，各法案の価値は変化している。このとき各政党 P_j が各法案 B_i にもつ最終的なコントロール能力は $c_{ij}^* = \left(\frac{x_{ji}}{v_i}\right) r_j$ で表される。
9) コールマン（Coleman, 1990）は，もっとも原始的な2人の行為者の交換から始め，ネットワークの形成により不均等な交換が発生して属性を規定すると考える。そして，交換を小集団，中間集団，国家内部，さらには集団間の交換へと拡大して理論の射程を拡大させている。
10) 法案の数はいくつでもよい。
11) この考えは，基本的にはエマーソン（Emerson, 1972）の権力ネットワークを基礎としている。
12) 政党の数，政策の数がどちらかでも4以上になると，解は非常に複雑になり，

1つの政党の勢力だけでも A4 用紙1枚以上になる。
13) これらの解に実数値を入れて計算すれば，解は同じ値になる。

参 考 文 献

1. Black, Duncan (1958) *The Theory of Committees and Elections.* New York: Cambridge University Press.
2. Blau, Peter M. (1964) *Exchange and Power in Social Life.* New York:J. Wiley. ［間場寿一・居安正・塩原勉［共訳］（1974）『権力の交換理論』新曜社。］
3. Burke,Edmund (1770) "Thoughts on the cause of the present discontents " in *The Works of Edmund Burke* Vol.1 (Boston: Little Brown and Co, 1839).
4. Coleman, James S. (1973) *The mathematics of Collective Action.* Chicago:Aldine Pub. Co.
5. Coleman, James S. (1990) *The Foundations of Social Theory.* Cambridge: Havard University Press.［久慈利武［監訳］（2006）『社会理論の基礎（上・下）』青木書店。］
6. Cox, Gary W. and Frances M.Rosenbluth (1995) "Anatomy of a Split: the Liberal Democrats of Japan,"*Electral Studies*, Vol.14, pp.355-376.
7. Emerson, R.M. (1972) "Exchange Theory, Part II: Exchange Relations and Networks." In J. Berger, M. Zelditch, Jr., and B. Anderson, Eds. *Sociological Theories in Progress*, Vol.2, Boston: Houghton-Mifflin, pp.58-87.
8. Downs, Anthony (1957) *An Economic Theory of Democracy.* New York: Haper and Row.［古田精司［監訳］（1980）『民主主義の経済理論』成文堂。］
9. Enelow, James and Melvin Hinich (1984) *The Spatial Theory of Voting: An Introduction.* New York: Cambridge University Press.
10. Enelow, James, and Melvin Hinich eds (1990) *Advances in the Spatial Theory of Voting.* New York: Cambridge University Press.
11. Homans, G.C. (1961) *Social Behavior: Its Elementary Forms.* New York: Harcourt Brace.［橋本茂［訳］（1978）『社会行動』誠信書房。］
12. Marseden, Peter V. (1983) "Restricted Access in Networks and Models of Power." *American journal of Sociology*, Vol.88,pp.686-717.
13. Kato, Junko (1998) "When the Party Breaks Up: Exit and Voice among Japanese Legislators." *American Political Science Review*, Vol.92, pp.857-870.
14. McKelvey, Richard D. (1976) "Intransitivities in Multideimensional Voting Models and Some Implication for Agenda Control."*Journal of Economic Theory*, Vol.12, pp.472-82.
15. Pappi, Franz Urban, David Knoke and Susanne Bisson (1993) "Information Exchange in Policy Networks." Fritz, W.Scharpf ed., *Games in Hierarchies and*

Networks.Campus Verlag Westview Press, pp. 287 – 313.
16. Plot, Charles R. (1967) "A Notion of Equilibium and Its Possibility under Majjority Rule."*American Economic Review*, Vol.57, pp.787 – 806.
17. Poole, Keith T. (2005) *Spatial Models of Parliamentary Voting*. New York: Cambridge University Press.
18. Reed, Steven R, and Ethan Scheiner (2003) "Electoral Incentives and Policy Preferences: Mixed Motives Behind Party Defection in Japan." *British Journal of Political Science*, Vol.33, pp.469 – 490.
19. Schofield, Norman (1977) "Transitivity of Preferences on a Smooth Manifold of Alternatives."*Journal of Economic Theory* Vol.14, pp.149 – 71.
20. Tsebelis, George (2002) *Veto Players How Political Institutions Work*. Princeton: Princeton University Press.［真柄秀子・井戸正伸［監訳］(2009)『拒否権プレイヤー：政治制度はいかに作用するか』早稲田大学出版部。］
21. 伊藤光利 (1996)「自民党下野の政治過程」『年報政治学　1996』109 – 128 頁。
22. 大嶽秀夫 (1995)「自民党若手改革派と小沢グループ：『政治改革』を目指した二つの政治勢力」『レヴァイアサン』17 号，7 – 29 頁。
23. 待鳥聡史 (2002)「参議院自民党と政党再編」『レヴァイアサン』30 号，67 – 89 頁。
24. 川人貞史 (2001)「政党・議会・選挙―政党の活動アリーナ―」，川人貞史・吉野孝・平野浩・加藤淳子『新版 現代の政党と選挙』有斐閣，3 – 4 頁。
25. 久慈利武 (1984)『交換理論と社会科学の方法』新泉社。
26. 河野勝 (1995)「93 年の政治変動：もう一つの解釈」『レヴァイアサン』17 号，30 – 51 頁。
27. 沢田善太郎 (1983)「パワー構造と集合的決定」大阪府立大学人間科学研究会［編］『人間科学論集』15，33 – 52 頁。
28. 曽根泰教・金指雅夫 (1989)『ビジュアルゼミナール日本政治』日本経済新聞社。
29. 高橋伸幸・山岸敏男 (1993)「社会的交換ネットワークにおける権力」『理論と方法』Vol.8，No.2，251 – 269 頁。
30. 建林正彦 (2002)「自民党分裂の研究：93 年の自民党分裂と 90 年代の政党間対立」『社会科学研究』第 53 巻第 2・3 合併号。
31. 太郎丸博 (2005)「合理的選択理論：行為と合理性」盛山和夫他［編著］『〈社会〉への知 / 現代社会学の理論と方法（上）』勁草書房，121 – 138 頁。
32. 三隅一人 (1990 年)「交換ネットワークと勢力」平松闊［編著］『社会ネットワーク』福村出版，33 – 51 頁。
33. 山本健太郎 (2010)『政党間移動と政党システム』木鐸社。

第 4 章
1990 年代中期の政党支持の変化と，世論調査データの比較可能性
―― JES Ⅱ パネルデータを中心として――

宮 野　　勝

1. はじめに

　90年代中期は，日本の政党政治・選挙政治の激動期だった。92年5月に日本新党，93年6月に新生党・新党さきがけが結成され，「新党ブーム」の中，1955年に始まる日本政治のいわゆる55年体制は，93年7月総選挙における自民党の敗北・下野で終焉を迎えた。しかし，日本新党・新生党などから首班を出した連立政権は分裂し，連立政権から飛び出した社会党・さきがけは自民党と組み，94年6月社会党首班の自民・社会・さきがけの連立内閣が誕生した。その後も政党の離合集散は続き，94年12月新進党・96年9月民主党などが結成され，96年1月に日本社会党は社会民主党に党名を改称するなど，政党の改変が続いた。選挙制度自体も96年衆院選から中選挙区制が小選挙区・比例区の並立制になるという大きな変化を遂げた。社会的にも，93年頃には，経済バブル崩壊が明確になりつつあり，95年には阪神・淡路大震災などが起きた。96年には自民党首班の橋本内閣が成立し，96年10月総選挙でも一応の勝利を得た。これだけ多くのことが90年代中期に起きた。
　さて，このような諸変化は，有権者の政治意識にも反映していた。政治の世界が激しく動いた時期に（有権者の政治意識は，政治の変化の原因でもあり結果でもあると考えられるが），有権者の政党支持はどのように揺らいだかについて，

多様な調査が試みられ，データとして蓄積され，様々な形で分析されてきている。たとえば，この時期にJES Ⅱのパネル調査がなされており，明推協調査もあり，また，マスコミ各社の調査がある。

ただし，各種の調査データの特色と比較可能性は十分には吟味されていないように思われる。中でも個票レベルで研究者に公開されているJES Ⅱデータは，7波のパネル調査であり，質問量も多く内容豊かなデータであるので，2次分析も重要である。本章は，JES Ⅱデータの2次分析のための入り口の段階として，政党支持に関して，第1に，諸種のデータとの比較可能性を検討しつつJES Ⅱデータの特徴を探り，第2に，パネル調査につきものの回答者の減少（「漸減」attritionとか「脱落」dropoutなどとよばれる）の問題への対応として多重代入法（MI：multiple imputation）の可能性を試みることを，目的とする。

2．課　題

上記の目的のため，データと方法に関して次の3点を検討しつつ，90年代中期の政党支持意識の変化について考察することを，この論文の課題にする。

1) 調査主体や調査時期そして調査方法や質問票が異なる調査の間で，得られたデータは同様の傾向を示すだろうか。特に，パネル調査によるJES Ⅱデータと，反復クロスセクション調査による明推協データ・新聞社世論調査データは，著しく異なった結果を示したりしてはいないだろうか。

2) これらの調査結果は，元来，調査として様々な相違があるため，標本誤差以上の大きな違いは生じうるし，相違が生じる原因も多様でありうる。値が乖離しうる理由を（若干の重複を認めつつ）列挙しておこう。

1：調査時期・期間の相違（同じく選挙後調査でも，JES Ⅱよりも明推協の方が少し遅いなど），2：質問紙の相違（質問内容・ワーディング・選択肢・質問の順番・調査所要時間など），3：調査方法の相違（全国・層化多段無作為抽出・面接という点で同等でも，層化の方法・抽出地点数・調査員の選び方・調査員へのインストラクションの微妙な差異など），4：結果としての回答者属性の相違（回収率・男女比・年齢

比・地域比など)，などである．調査結果が異なる場合，これらの理由によるものかどうか，推測できる場合があるのではないか．

3) そして仮に，単純な比較が困難である場合，どのようにすれば，クロスセクション調査と「漸減」のあるパネル調査とを比較できるかについて考える．

3. 90年代中期の政党支持態度の研究

　三宅・西澤 (2001) は，時事データを使い，「1993年の自民党下野の時点まで」(14頁)，場合によって「1993年1月まで」(25頁の表2-1) を分析対象としていた．期間的には，本章はこの後の時期が中心となる．また西澤 (1998：10頁：図1) は，1983年1月から1993年途中までの，時事通信・朝日新聞・読売新聞の3つの調査における自民党支持率の変動を図示している．3社の世論調査における自民党支持率の関連を見ることができる．

　時事通信のデータを使った90年代の政党支持分析に，前田 (2004：3頁) があり，1989年8月～2004年8月の政党支持率を分析している．ただし，時事データは，西澤 (1998：10頁：図1) にみられるように，読売・朝日などの新聞社データと異なる値を示すようであり，(数値データの形で入手していないためもあり，) 今回は比較対象に含めない．

　なお，松本 (2001：150-206頁) の「資料データ編」には，朝日・読売・毎日の，2000年までの政党支持率と内閣支持率の数値データとグラフが掲載されており，このデータから独自の分析ができるようにされている．また松本 (2006：39頁：図1) では，1988年から2004年までの読売新聞社の政党支持率の推移が図示されている．

　JES II 調査については，調査チームの小林良彰，綿貫譲治・三宅一郎，池田謙一，三宅一郎，蒲島郁夫を著者とする5冊の報告書が刊行されていて，政党支持についても多くの記述・分析が含まれている．ただし基本的には本章よりも先を行っていて，政党支持の構造や説明，また，他の政治態度や投票行動との関連など，様々な分析がなされている．その中から，分析の入り口段階に

ある本章に関連する部分の一部を示しておく。

小林（1997：183 - 185 頁）は，JES Ⅱ の 93 年 7 月の第 1 波と 94 年 2 月の第 3 波，第 3 波と 95 年 7 月の第 5 波の政党支持の個人レベルのクロス表を示し，「新しく生まれた新生党と日本新党に関して」，「(93 年) 7 月の時点での支持者が (94 年) 2 月には半分も支持者として残っていない」(183 頁：カッコ内は筆者) などを指摘している。

蒲島（1998）では，政党支持とその変容が第 5 章・第 6 章の中心的なテーマである。多くの結果が示されているが，第 5 章では第 2 波から第 4 波を分析し，「93 年 7 月から 95 年 2 月までの短い期間に，有権者の政党支持は大きく変化している」(116 頁) としている。第 6 章では 7 波すべてを対象とし，「政党支持は予想以上に不安定である」(同 141 頁) とし，無党派については，「7 回とも無党派は 2.4％ に過ぎない。……（中略）……無党派層の分析には，さらなる注意深い研究が望まれる。」(142 頁) としている。全体的に，変化に焦点を当てた分析になっている。

三宅（1998）も全巻が政党支持と関連しているが，本論文と最も関係が深いのは第 1 章であろう。たとえば，83 年の 3 波の JES1 調査と，95〜96 年の JES Ⅱ の 5〜7 波を比較し，「政党再編成期に入って，政党支持が不安定になったのは事実ではあるが，決定係数の指標によると，他の党派的変数よりも安定的で，10 年前と比べて目立った変動をしていない。」(30 頁) としている。そして，「JES Ⅱ 調査の 3 年余りの期間に，支持政党を変えていない人は，支持なしを変えない人を含めると，なお，3 分の 2 に及ぶ，」(51 頁) とも指摘している。この時期の政党支持の不安定性に加えて，安定性の面を提示している。

なお近年，政党支持の意味についての再検討もなされてきている（たとえば谷口：2012）し，また上記の先行研究でも政党支持について理論的考察が深められているが，本章ではこの点には踏み込まない。

4. データ

4-1 社会意識の時系列的研究のためのデータについて

社会意識の時系列的研究のために，様々な調査方法が試みられてきた。

典型的な調査方法の一つは，反復のクロスセクション・サーベイである。Smith (2008：p.43) は，米国の継続調査である GSS を紹介しつつ，米国の社会的態度のトレンドを調べるためには（反復クロスセクション・サーベイである）GSS は，利用可能な最良の資料であるとしている。今一つの方法は，パネル調査である。同一回答者に対し，時系列で質問を反復するという方法である。

ただし，いずれの方法も長所と短所とがある。たとえば，反復クロスセクションデータでは，全体的な変化（社会のマクロの変化）を研究できるが，同一の対象者の変化（ミクロレベルの変化）については研究できない。これに対し，パネル調査では，同一対象者の変化の様をとらえられるが，一般に，パネルが進むにつれて回答者が減少していくという問題が生じる。

4-2 マスコミ各社の調査について

マクロ集計量レベルでの変化を確認するために，反復クロスセクション調査を比較する。政党支持に関しては，調査頻度が高いマスコミ各社の調査がある。ただしマスコミ各社の調査間で著しく異なる数値が出ることもあり，調査としての信頼性の検討が必要である。

宮野 (2009) では，2008～2009年初めのマスコミ5社の政党支持率・内閣支持率を比較し，各社で「支持なし」率・「DK/NA」率が著しく異なる点を吸収するために，両者を除いて分母とする「相対」政党支持率・「相対」内閣支持率との併用を提案した。結論は「相対」政党支持率・「相対」内閣支持率でみると，5社間の差は小さくなり，ほぼ標本誤差の範囲内で，マスコミ5社の調査は十分に信頼性があるというものだった。

90年代には「支持なし」の急速な増加があり，宮野 (2009) で提案した「相

対」支持率では，この点の変化をとらえられない．本論文では，「自民党支持率」と「政党支持なし率」を中心とするし，また，今回扱う数種類の世論調査の間では，「支持なし」や「DK/NA」の比率にそこまで大きな差はないようであり，前半ではデータの数値そのまま（「絶対」政党支持率）を用いることにする．なお，後半では MI（多重代入）データとの比較のために，「DK/NAを除いた百分率」で計算した政党支持も用いる．

読売・朝日・毎日の各新聞社の調査結果は，断りがなければ，松本（2001：150-206頁）の「資料データ編」の数値を用いる．

4-3 明推協調査について

マスコミ調査とは別に，国政選挙のたびに，70年前後から継続して実施されてきた「明るい選挙推進連盟」（以下，明推協と略記する）の世論調査がある．明推協調査も反復クロスセクション調査であるが，国政選挙後の調査であるため，90年代中期の調査は，93年・95年・96年の3回である．

各種調査を比較するに際しては，調査日程の比較，および国政選挙投票日からの日数が重要になる．このため，表4-1に，90年代中期の国政選挙の投票日を示す．

表4-1：90年代中期の国政選挙投票日

1993年 7月18日	衆院選
1995年 7月23日	参院選
1996年 10月20日	衆院選

4-4 JES II 調査について

日本の政治意識調査の中で，先駆的に，3年余りに及ぶ7波のパネル調査を実施した研究に，JES II 調査があり，研究者に公開されていて2次分析が可能である．筆者は，JES II 調査を中心とする2次分析を考えていたが，今回は，他調査と比べての JES II 調査の特徴を把握することまでが中心になり，ごく一部のデータを分析し始めたまでで終わる．

JES Ⅱ の調査時期・対象者数・回答者数など，本章での比較に重要と思われる情報を，蒲島他（1998：11-13 頁）に基づき，表 4-2 に示す。(3 波・4 波は郵送調査で，他は面接調査である。「新規回答者数」は，データセットから筆者が算出した)。(本章では，JES Ⅱ パネルの各波に言及するとき，たとえば「第 1 波」を「Wave1」とか「W1」などと，略記することがある。)

表 4-2：JES Ⅱ のパネル調査

	調査時期	調査日程	対象者数	有効回答者数	新規回答者数
第 1 波	93 年 7 月 18 日衆院選前	07/08-07/15	3,000	2,255	2,255
第 2 波	93 年 7 月 18 日衆院選後	07/21-07/28	3,000	2,320	427
第 3 波	94 年初期	02/23-03/15	2,682	1,834	0
第 4 波	95 年初期	02/20-03/14	2,577	1,529	0
第 5 波	95 年 7 月 23 日の参院選後	07/24-08/06	3,000	2,076	427
第 6 波	96 年 10 月 20 日衆院選前	10/09-10/18	3,000	2,149	524
第 7 波	96 年 10 月 20 日衆院選後	10/21-11/04	3,000	2,299	352

5．社会意識の時系列的研究の方法：特に，パネル調査の attrition 問題について

5-1 まず，パネル調査の「漸減」の問題について考える。

5-1-1 パネル調査では一般に，パネルが進むにつれて回答者が減少していくという問題が生じる。JES Ⅱ の場合，7 回のパネル調査で，当初の目標サンプル（3000）に対し，Wave1 への回答は約 75％（2255）だったが，Wave7 までの全パネルに回答したのは，20％弱（589）であった。

5-1-2 JES Ⅱ では，この問題への対応として，第 2 回・5 回・6 回・7 回に補充サンプルが採用されている。補充サンプルが，全国からの無作為標本に近い形でサンプリングされているのであれば，refreshment sample とみなせ，調査時期の違い・質問紙の相違・調査方法の相違などを，パネルからの漸減に起因する相違と区別するのに役立ちうる。

表4-2の最後列に「新規回答者数」を示したが，Wave2以降の新規回答者の多くは，補充標本の回答者であると思われる。パネルで継続している回答者の集団は，「漸減」に伴って，母集団からの乖離が懸念される。これに対し，新規に加わった標本は，むしろ全国の有権者を代表している可能性がある。(この点は検討が必要である。)[1] ただし，新規に加わった回答者の集団も，次のパネルでは再び「漸減」の問題が生じる。(JES IIの調査報告書群では，パネル調査における「漸減」の問題への慎重な配慮のもとに分析がなされていた。)

5-1-3 個人レベルでの変化を見たければ，連続参加者をフォローすることになる。その際に，パネルデータの回答者の「漸減」に対して通常とられる対応は，1) Listwise Deletion による分析，2) ウェイトをかけての分析（Vandecasteele & Debels：2007），3) MI（Multiple Imputaiton, 多重代入法）の代入データによる分析，などであろう。

　旧来，主として Listwise Deletion が使われてきているが，優れた面を持つ一方，問題も指摘されている（Allison：2002：6-8頁），ウェイトをかけての分析も今一つの方法であり，蒲島（1998：134-140頁）が試みた Heckman の方法もセレクションバイアスに対応する代表的な手法であろう。これに対し，MI（Multiple Imputaiton, 多重代入法）を用いた分析も使われるようになってきている。本稿では，MIの初歩的な適用を試みる。

5-2 以上を踏まえ，本章での検討は，以下のように進める。
5-2-1 まず，マクロの集計量レベルでの変化を探るために，同時期に実施された複数の反復クロスセクション・サーベイを比較する。
　第1に，読売・朝日・毎日の各新聞社の国政前後で比較可能なデータを用い，類似性の程度を調べる。
　第2に，マスコミ各社の数値データの比較から，「自民党支持率」と「政党支持なし率」について，93年前半までの大きな流れ，90年代の大きな流れ，を概観する。

第3に，国政選挙後の，読売新聞調査と明推協データを比較し，類似性の程度を調べる。

5-2-2 次に，JES Ⅱデータを用い，マクロ集計量レベルの変化とミクロの個人レベルの変化を探る。

第1に，マクロ集計量レベルで，明推協データと比較する。明推協データは選挙後調査であるため，JES Ⅱで対応するのは，第2波，第5波，第7波となる。ただし JES Ⅱデータに関しては，各波のどの部分を取り出すかで，結果が異なりうる。ここでは，各波で，1) 第1波の回答者のみ（以下，JES Ⅱ-W1 データと呼ぶ。この選択は，当初のクロスセクションサンプルのみに注目して，その後のパネルデータを追いかけることを意味する。JES Ⅱのパネル部分のみを取り出しても他のデータと比較可能でありうるか否かを検討したい），2) 新規回答者のみ，で比べる。

第2に，JES Ⅱデータについて，MCAR の仮定の適切性を検討する。（Missing Data に関して，頻繁に用いられる3分類は，① MCAR，② MAR，③ MNAR である。これらの意味については，Allison：2002：3-5頁などを参照されたい。MAR に関しては，一般には仮定の適切性を示すことはできない。Hirano et. all：2001 では，refreshment sample を使うことで，多様なモデルの推定や検定が可能になりうるし，MAR の仮定の検定が可能になる場合もあるというが，本章では検討できない。）

第3に，MAR を仮定して，欠損値に対する MI（多重代入）を試みる。

第4に，元のパネルデータと，MI（多重代入）を使ったデータとで，どちらが他のデータとどの程度類似しているか，比較する。

第5に，次に，MI（多重代入）データで，ミクロの個人レベルでの変化を探る。

6. 分　　析

6-1　反復クロスセクション・サーベイの比較：マクロ集計量レベルでの変化

6-1-1　マスコミ調査の類似性の確認：読売・朝日・毎日の各新聞調査の比較

マスコミ調査の類似性の確認のために，読売新聞調査・朝日新聞調査・毎日新

聞調査の比較を試みる。表 4-3 に，93・95・96 年国政選挙前後の調査結果を対比した。(朝日の支持なし率のカッコ内は，参考のために計算した高め推定値である。)[2]

表 4-3：読売・朝日・毎日の各新聞調査の比較

選挙	年	調査日 読売	朝日	毎日	自民支持率 読売	朝日	毎日	支持なし率 読売	朝日	毎日
後	93	9/25-26	9/5-6	9/3-5	24.7%	26%	25%	34.6%	(32%)	25%
前	95	6/17-18	6/25-26	6/2-4	26.2%	26%	27%	46.5%	43%(49%)	45%
後	95	9/30-10/1	9/9-10	9/1-3	27.2%	28%	27%	47.4%	(43%)	38%
前	96	9/28-29	9/16-17	8/30-9/1	32.3%	33%	29%	45.1%	42%(50%)	50%
後	96	11/30-12/1	11/24-25	12/13-16	38.2%	34%	36%	38.2%	35%(36%)	38%

(出典は，注 2 参照)

調査時期に 1～4 週間くらいのずれがあるが，3 社の自民支持率のレンジは (小数点以下を四捨五入で)，1%・1%・1%・4%・4%で，5 回分ともほぼ標本誤差の範囲内とみてよいだろう。

これに対し，支持なし率の方はレンジが大きい。朝日の括弧無しの値を記入している 3 回では，読売の方が朝日よりも系統的に 3% ほど高めに出ている。93 年 9 月調査と 95 年 9 月調査の支持なし率は，(調査日は 3 週間ほど異なるが，)読売は毎日より 10% 弱，高めである。もっとも，政党支持なし率は国政選挙時に急落するので，選挙に近い時期の調査で政党支持なし率が低いことは必ずしも不思議ではない。(ただし，読売調査は，95 年 7/29 の支持無し率も 46.8% と高い。9 月上旬の毎日・朝日調査と比べてもかなり高く，95 年のこの調査で，少し高めの数値が出ている可能性がある。)

朝日新聞の 2 段階質問が確認しているように，政党支持無し者の多くは，支持色を持った「leaner」であろう。(たとえば，leaner と 2 段階目の支持無しとの数値を，朝日の選挙前の調査でみると，93 年 4 月は 31%・7%，95 年 6 月は 36%・13%，96 年 7 月は 32%・11% である。) したがって，調査方法・調査時期などによって政党支持無しが激減し，その分政党支持が多くなることが起きうるし，実際に新聞社データでも選挙前後には支持無しが激減する。(前田：2004：4 頁も，時事通信データで，「国政選挙のサイクルとともに非政党支持の比率が急落する」

としている。)

6-1-2 マスコミの世論調査にみる 90 年代のトレンドと，明推協・JES II の調査時期の特徴

この時期の新聞 3 社の世論調査は「類似」した値と傾向を示しているので，90 年代のトレンドと，明推協・JES II の調査時期の特徴を，筆者なりにごく簡単に要約しておく。

1) JES II が始まった 93 年総選挙直前は，自民党支持が下落し続けていた時期であるが，特に，93 年総選挙前（自民党を出た議員が新生党やさきがけを結成した頃）に 35％前後から 25％前後に急落する。その後，緩やかに回復し，96 年橋本内閣で 30％台前半まで上昇した。

2) 政党支持なし率は，90 年から次第に上昇し，92 年 11 月以降に 30％台後半に上がり，94 年 2 月（細川内閣と日本新党に対する支持の急落）以降，40％台前半に上昇する。さらに 94 年 12 月以降，40％台後半に上がり，そのまま 97 年まで（「基調」としては）続く。

3) ただし，この時期の政党支持なし率は，(前述のように) 国政選挙前後に急落する。読売調査でみると，93 年・95 年の選挙前情勢調査では大きく下落し，選挙後の調査で「基調」に戻るための日数は，選挙によって異なっていた。93 年 7/18 選挙は 7 月末では戻っておらず，95 年 7/23 選挙は 7 月末に早くも戻り，96 年 10/20 選挙は 11 月末でまだ戻っていないようである。(選挙前後に大きく下落した分は，政党支持に回り，各党の支持が高めに出やすくなる。)

6-1-3 読売新聞調査と明推協データの比較

次に，明推協データと比較する。明推協は選挙 2 週間後くらいの調査であり，調査時期が近い読売データとの比較を表 4-4 に示す[3]。

表 4-4：読売新聞調査と明推協調査の比較

年	調査日 読売	調査日 明推協	自民支持率 読売	自民支持率 明推協	支持なし率 読売	支持なし率 明推協
93	7/31-8/01	7/28-8/08	31.9%	38.5%	28.3%	29.2%
95	7/29-7/30	7/31-8/13	21.0%	28.5%	46.8%	38.1%
96	10/26-10/27	10/31-11/10	34.4%	36.0%	34.9%	31.9%

調査時期が重なっていたりいなかったりするし，調査期間も長短があり，質問紙全体や質問紙中での政党支持項目の位置も異なるなど，様々な違いがあり，数値に差が生じるのは当然ともいえるが，変動の大きな傾向は類似している。

類似点は，1) 自民支持率は 93 年選挙前後に大きく下落し，95 年選挙でも低めで，96 年初めに少し上がって 96 年選挙を迎える。2) 支持なし率の「基調」は，93 年より 95 年・96 年の方が 10％くらい高い。選挙前後で支持なし率は低下するが，93・96 年はゆっくり「基調」に戻り，95 年は（少なくとも読売調査では）早めに戻ったようだ。

6-2　JES Ⅱ データの分析：マクロ集計量レベルの変化
6-2-1　JES Ⅱ と明推協データの比較：マクロ集計量レベル
6-2-1-1　明推協データと JES Ⅱ -W1 データとの比較

マクロ集計量レベルで，明推協データと比較する。明推協データは選挙後調査であるため，対応するのは，JES Ⅱ の 93 年 W2・95 年 W5・96 年 W7 となる。

第 1 に，Wave1 回答者に限定して，W2・W5・W7 の回答と，明推協データとの比較を，自民党支持率・政党支持なし率について，図 4-1・図 4-2 に示した。(後に比較する MI データは欠損値がないので，ここでも，「DK/NA を除いた百分率」で示した。したがって，明推協データの値は，表 4-4 より大きめになっている。)

図4-1：自民党支持率1（DK/NA除く）　　図4-2：政党支持なし率1（DK/NA除く）

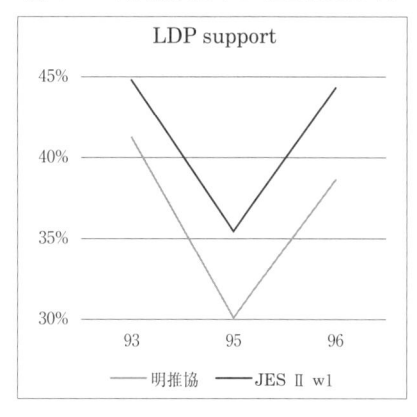

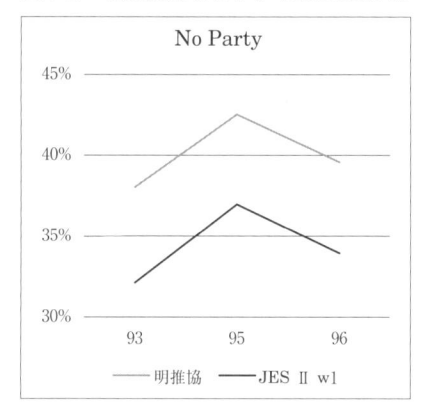

まず，「変化」について眺める。明推協とJESⅡ-W1の回答とで，変化の傾向は類似している。両者とも，自民支持率は，2波から5波に10％ほど下がり，5波から7波で10％近く上がった。支持なし率は，2波から5波に10％ほど上がり，5波から7波で5％近く下がった。政党支持なし率については，93年選挙から95年選挙にかけて10％ほど上昇した点，また96年には「基調」までの戻りが遅く，選挙後調査では低めに出る点など，マスコミ各社のトレンドともほぼ一致している。

「値の大きさ」については，系統的な相違がある。明推協の自民支持率は読売データよりも高かったが，JESⅡ-W1では，さらに高い。逆に，明推協の支持なし率は読売データよりも低めだったが，JESⅡ-W1では，さらに低い。

値が離れていることを説明しうる理由を，先に列挙した。それらの理由が差をもたらしているのか否かを推測するために，次の第2波以降の「新規補充者」との比較が有用である。

6-2-1-2　明推協データ・JESⅡ-W1データと，JESⅡ「新規回答者」との比較

以上のデータを，第2波以降の「新規回答者」と比較する。JESⅡの第2波・第5波・第7波から，それぞれ「新規回答者」を取り出し，自民党支持率・政

党支持なし率について，明推協と JES Ⅱ -W1 の図に書き加え，図 4-3・図 4-4 に「DK/NA を除いた百分率」で示した。(「新規回答者」は，第 1 波の回答者には含まれていないし，異なるパネル Wave 間での「新規回答者」相互の重複もない。)

図 4-3：自民党支持率 2（DK/NA 除く）

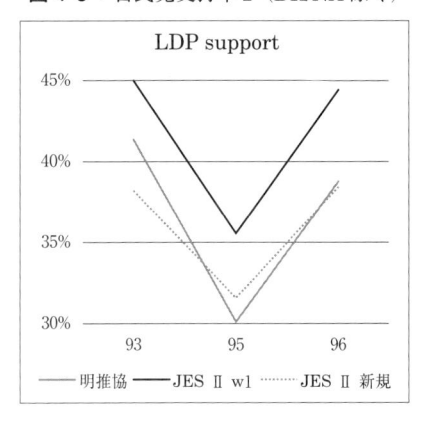

図 4-4：政党支持なし率 2（DK/NA 除く）

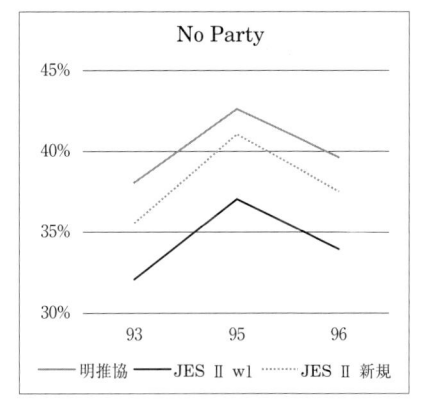

JES Ⅱの「新規回答者」は，母集団である全国の有権者全体からのランダムサンプルに近い（ほぼ refreshment sample である）と考えられる。図を見ると，実際，クロスセクション調査である明推協データの結果と近い[4]。

さて，「新規回答者」の回答パタンが明推協データとの乖離が小さいということは，先に列挙した「値が離れている理由」である，1：調査時期・期間の相違，2：質問紙の相違，3：調査方法の相違，4：結果としての回答者属性の相違，で説明できる部分が小さいことを意味していると思われる。(標本誤差による差の部分もあろうが，) 明推協データと「新規回答者」との乖離部分の平均が，先の「理由」の 1～4 が妥当する部分であろう。「JES Ⅱ調査では，調査時期・質問内容などの相違にもかかわらず，自民支持・支持無しに関しては，明推協データと類似した回答が得られている」と結論する。

6-2-2 JES Ⅱデータにおける欠損値の特性の検討

次に，JES Ⅱ-W1 の欠損データに関して，MCAR の仮定の適切性を検討する。(MAR に関しては，一般には適切性は示せない。)

まず，W1 の回答者 2255 名について，W1 における政党支持の回答別に，W7 の回答率を示した。W1 の自民党支持者は 53.8％，支持無しは 41.3％が，W7 で回答しており，MCAR とはいえないであろう。

表 4-5：JES Ⅱ-Wave1 政党支持別の Wave7 回答率

	W1case 数	W7 回答率
自民	966	*53.8%*
社会	293	46.8%
公明	109	46.8%
民社	51	45.1%
共産	64	51.6%
社連	20	40.0%
新生	92	43.5%
さきがけ	23	34.8%
日本新党	90	51.1%
他	1	
支持なし	472	*41.3%*
DK	38	31.6%
NA	36	27.8%
合計	2255	48.0%

図 4-5：JES Ⅱ-Wave1 政党支持別の Wave7 回答率

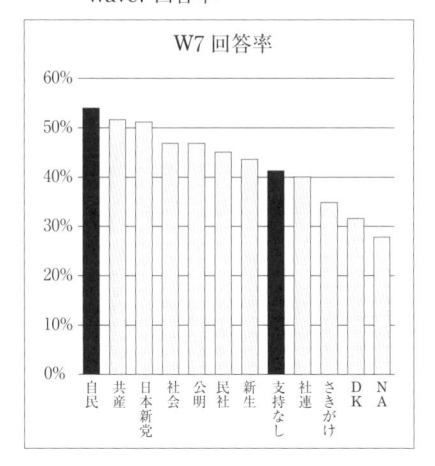

次に，第 1 波回答者 2255 名について，第 2 波・第 5 波・第 7 波の回答の有無による 8 パタンの分類と，その各カテゴリーの人数を示した。約 90％の 2034 名が，が単調（モノトーン）減少パタンに含まれていた。モノトーン・パタンの 9 割だけで MI（多重代入）を試みるということも考えられるが，今回は残りの 1 割も含めて試みる。

表 4-6：JES Ⅱ -Wave1 回答者の W2・W5・W7 の回答の有無

	2nd-wave	5th-wave	7th-wave		
pattern1	1	1	1	903	Monotone
pattern2	1	1	0	402	2,034
pattern3	1	0	0	486	90.2%
pattern4	0	0	0	243	
pattern5	1	0	1	102	非 Monotone
pattern6	0	1	1	59	221
pattern7	0	1	0	41	9.8%
pattern8	0	0	1	19	
合計				2,255	

6-2-3　MI（多重代入）の試み

さて，MAR を仮定して，欠損値に対する MI（多重代入）を試みる。

JES Ⅱ -W1（2255 名）の政党支持について，MI（多重代入）を試みた。政党支持に関し，「自民支持・支持なし・他党支持」という 3 値の名義変数を作成し，各波について順に，「DK/NA」の回答者（item nonresponse）および非回答者（unit nonresponse）に対して，MI（多重代入）を試みた。その他，説明変数として，7 波分のイデオロギー（10 値），5 波分の自民感情温度（各波ごとに，個人別に，全政党の感情温度の平均値・標準偏差で標準化したもの），そして，第 1 波時の性別，年齢（4 値），朝日地域特性（4 値），を用いた。代入は 50 回実施した。以上の結果，2255 名分の全 7 波の，DK/NA のない「MI によるデータ」を得た。（以下，MI 多重代入データとか MI データとよぶ。）[5]

6-2-4　マクロ集計量レベルでの，MI（多重代入）データと W1 回答者との比較

MI データと W1 回答者データを比べ，図 4-6・図 4-7 に示した（今回得られた MI データを MI_50 として示した）。W1 では，DK/NA の分だけの代入であるので元データと差は小さいが，W7 においては，MI データでは，自民党支持者が約 4% 少な目になり，政党支持なし回答者が約 4% 多目になった。

図4-6：自民党支持率3（DK/NA除く）　図4-7：政党支持なし率3（DK/NA除く）

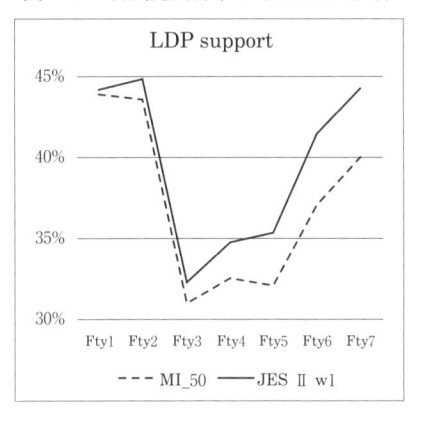

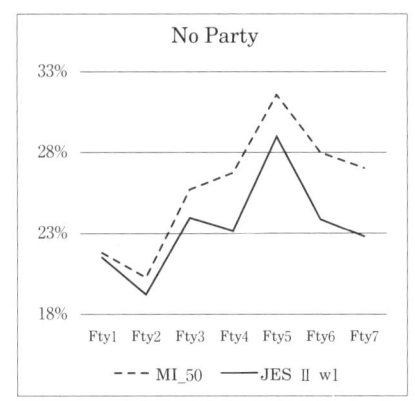

6-2-5　明推協データとの比較

MIデータを加え，図4-8・図4-9に示した。マクロ集計量レベルでは，MIデータの結果は，JES Ⅱ-W1データとJES Ⅱ「新規回答者」データとの中間だった。特に自民支持率は，95年・96年と，JES Ⅱ-W1データよりも，明推協データやJES Ⅱ「新規回答者」データに近かった。

図4-8：自民党支持率4（DK/NA除く）　図4-9：政党支持なし率4（DK/NA除く）

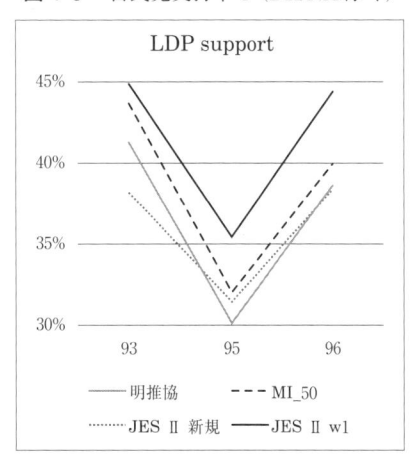

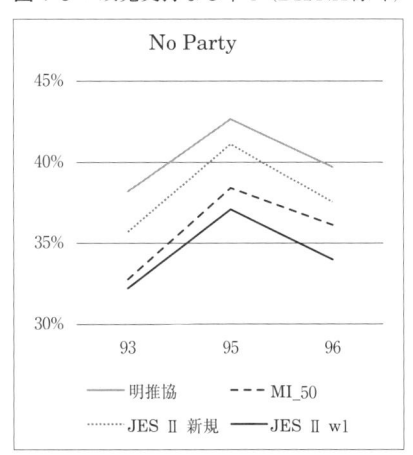

6-3 ミクロの個人レベルの変化

6-3-1 2週間前後のパネル調査での安定度

　JES IIの1波と2波の政党支持の二重クロス表（「DK/NA」を含む）を調べた。1波と2波は，93年の選挙直前と選挙直後の調査で調査期間が2週間前後しか違わないが，パネルの脱落で，回答者は82％位である。（クロス表自体は，JES IIデータから簡単に作成できるため，省略する。行を1波，列を2波としている。）

　周辺度数で比べると分かるように，マクロ集計量レベルの政党支持の安定度は高い。

　しかし，調査期間が僅かしか違わないにもかかわらず，ミクロ個人レベルの政党支持は不安定である。行パーセント（1波の政党支持を母数とし，2波で同一政党の支持を示した人の割合）でみると，既存政党（自民，社会，公明，共産）の72〜80％（民社のみ60％）は，従来の知見に相当する値だと思われ，この限りでは93年選挙やJES II調査の特殊性を示すものではない。（各10％前後が「支持なし」に動いている。政党支持の測定の不安定性ないし政党支持態度それ自体の不安定性を示すものではないか。）

　しかし，新生党44％・日本新党40％というように，新党の数値はこれらをはるかに下回って（「さきがけ」は回答数が少ないので省くとして）おり，「支持なし」の53％より低い。新生党・日本新党支持から自民党支持へ，23％・26％が移動している（人数では，自民から新生が，新生から自民への2倍いる）。

　なお，1波での政党支持「DK・NA」回答者の半分以上が，2波では支持政党を答えている点にも，注目したい。「DK・NA」回答のパネルでの回答持続率はかなり低く，「DK/NA」回答者の少なからぬ部分は，持続的に政党支持を答えないということではないようだ。（もっとも，政党支持「DK・NA」回答者のパネル脱落率が高い点にも注意が必要である。1波で政党党支持「DK・NA」回答者は74名だったが，2波で回答したのは55名と74％で，支持なしの79％・自民支持の85％（全体は81.6％）よりも，それぞれ5％・10％低い。）

6-3-2　3年3か月後のパネル調査での安定度

　同じく，JES Ⅱ の1波と7波の政党支持の二重クロス表（「DK/NA」を含む）を調べた。1波は93年選挙直前，7波は96年選挙直後の調査で，調査期間が3年と3か月以上経っており，パネルの脱落のために7波の回答者は半分以下（2255人から1083人）になっている。（クロス表自体は，JES Ⅱ データから簡単に作成できるため，省略する。行を1波，列を7波としている。）

　周辺度数は，政党の生成消滅が多く，様変わりしている。

　ミクロ個人レベルでの政党支持の安定性・不安定性を，行パーセントでみると，調査期間が3年3か月以上異なるにもかかわらず，ミクロ個人レベルの政党支持は，存続していた政党に関しては，先の93年の2週間前後での調査と酷似している。自民支持は79％→72％，共産支持は72％→70％，であった。支持無しは，53％→55％で，ほぼ同じである。

　この3年3か月の間には，政党の離合集散や党名変更があった。たとえば，1994年12月結成の新進党（新生党・日本新党・公明党・民社党などから参加），1996年1月に社会党から党名変更して成立した社民党，1996年9月結成の民主党（新進党・さきがけ・社民党などから参加），などである。これに伴い，解散して新党に吸収されたり，党名を変更したりした政党の支持者は，当然ながら，支持を変えざるを得なかった。

　JES Ⅱ では，公明支持者から新進支持に移ったものは76％で，1波から2波の継続公明支持の80％と遜色がない。これに対し，民主党への移籍者が出た影響もあり，社会党から党名変更した社民党支持に移ったのは36％で，1波から2波の継続的社会支持72％と比べて激減した。新生支持は38％が新進支持・23％が自民支持へ，日本新党支持は30％が自民支持・26％が支持無しになっている。（全体に，半数以上のパネルの脱落者がいる点には注意が必要である。）

6-3-3 MI(多重代入)データによる,ミクロの個人レベルの変化の検討1:W1 と W7 の比較

次に,パネルの脱落の影響を除いて比べるために,JES Ⅱ の多重代入前の元のパネルデータと MI 後のデータとで,政党支持のミクロの個人レベルの変化を比較する。表4-7・表4-8 に,政党支持(3値)についての W1 と W7 のクロス表を示す。

表4-7:W1-W7 の安定性:JES Ⅱ の元のデータ

Wave1 & 7		Wave 7			
		自民支持	支持なし	他党支持	合計
Wave1	自民支持	72.5%	12.5%	15.0%	513
	支持なし	16.9%	57.1%	25.9%	189
	他党支持	16.5%	18.9%	64.6%	339
合計		460	236	345	1041

表4-8:W1-W7 の安定性:MI によるデータ

MI50		Wave 7			
		自民支持	支持なし	他党支持	合計
Wave1	自民支持	69.6%	14.4%	16.1%	991
	支持なし	17.4%	59.8%	22.9%	493
	他党支持	16.5%	22.7%	60.8%	770
合計		902	612	741	2255

マクロの相違以上に,元のデータと MI データとの大きな相違を予想していた筆者にとって意外なことに,元データと今回の MI データとの,W1-W7 での同一カテゴリーの差は,ミクロでは 3〜4% 程度という結果になった。

6-3-4 MI(多重代入)データによるミクロの個人レベルの変化の検討2:パネル7回分の比較

次に,MI によるデータを用い,パネル7回分で一貫して支持政党なしは何%くらいか,一貫して自民支持は何%くらいか,また,自民支持と支持なしを行き来するケースはどのくらいか,などを調べ,表4-9 に示した。

JES Ⅱ データでは,7回の政党支持にすべて回答(DK/NA は除く)しているのは,533 名であり,MI によるデータの4分の1弱である。7回とも継続的に自民党支持者だった割合は,元のパネルデータよりも MI データが 6.7% 少ないが,7回とも「支持なし」だった割合は,元データよりも MI データは 1.2% 多いだけだった[6]。

この期間では,政党の離合集散が激しく,支持なしの増加もあり,通常の時

表4-9：パネル調査7回分の政党間移動（DK/NAは除く）
：元のパネルデータとMIによるデータ

	元のデータ	MIデータ
7回自民	*20.5%*	*13.8%*
7回他党	13.9%	10.2%
7回支持無	*2.6%*	*3.8%*
7回自⇔無	10.9%	6.1%
7回他⇔無	18.2%	21.0%
7回自⇔他	17.3%	20.2%
N	533	2255

期よりも政党間の行き来が数値上は激しくなっていると思われる。

7．結論と考察

　1990年代中期の政党支持について，世論調査の比較可能性と，政党支持の変化とを検討した。そして，第1に集計量レベルで，JESⅡデータは，他データと（数値レベルあるいは変動傾向のレベルで類似性を持つという意味で）「比較可能」であると結論した。第2に個票レベルで，JESⅡデータとMI適用後のJESⅡデータとを比べつつ，政党支持の変動は「安定的」と結論した。ただし本章は入り口段階であり，多くの課題が残っている。

7-1　まず，マクロ集計量レベルの結論は次のようになる。
　第1に，JESⅡの調査時期の93〜96年に，マスコミ各社（読売・朝日・毎日）調査の政党支持率は，「類似」した結果を示していた。JESⅡ調査の時期の政党支持率のマクロの動きを，いわば「基調」として簡略化して筆者なりに示すと，「自民党支持率は，93年選挙の頃には25％前後，それから緩やかに回復し，96年橋本内閣で30％台前半まで上昇」，また，「政党支持なし率は，93年選挙前後の35％前後から，94年末に45％強まで上がり，高止まり」となる。
　第2に，選挙後調査である明推協調査と，近い時期の調査がある読売調査と3時点のデータで比較したが，上下の変動の仕方は「類似」していた。ただし，

生数値では，自民党支持率は明推協が高く（6.6%・7.5%・1.6%），支持なし率は（平均すると）読売調査が高い（−0.9%・8.7%・3.0%）。

第3に，JES Ⅱ調査と明推協調査を比べた。まず，JES ⅡのWave1回答者の，Wave2・Wave5・Wave7での回答を，（DK/NAを除いた百分率で）明推協調査と比べると，自民支持率と政党支持なし率について，3回の変動の仕方は，ほぼ平行であった。値には系統的な差があり，JES Ⅱ-W1データ（Wave1回答者2255名に限定したデータ）は，明推協調査よりもさらに，自民支持率は高く，支持なし率が低かった。

第4に，JES ⅡのW2・W5・W7の「新規回答者」を取り出して明推協データと比べたところ，変動の仕方だけでなく，値も明推協調査に近かった。JES Ⅱと明推協調査とでは，調査時期・調査方法・質問内容の差はそれほど大きく影響してはいない（少なくとも政党支持質問に与える影響は小さい）と推測した。つまり，パネル調査である点を除けば，「JES Ⅱ調査では，調査時期・質問内容などの相違にもかかわらず，自民支持・支持無しに関しては，明推協データと類似した回答が得られている」と結論した。

第5に，JES Ⅱの政党支持を3値（自民支持，支持なし，他党支持）とし，JES-W1データの欠損値（DK/NA回答者とパネルの脱落者）に，MI（多重代入）を試みた。マクロ集計量レベルでは，今回のMI多重代入データの結果は，政党支持（3値）について，JES Ⅱ-W1データとJES Ⅱ「新規回答者」データとの中間だった。この結果は，MIを適用するとJES Ⅱのパネル部分の他データとの比較可能性を高めうるとの期待に一致している。

7-2 次に，ミクロ個人レベルの変化についての結論をまとめる。

第6に，JES ⅡのW1とW2でのクロス表（1893名）によると，調査期間が2週間ほどの違いであるのに，新党を続けて支持した率は50%を切っていて，（民社を除く）既成政党の72〜80%はもちろん，「支持なし」の継続率53%より低い。新党支持はそれだけ不安定だったということであろう。また，「DK/NA」の継続率も低く，W1でDK/NAと回答しながらW2では政党名を挙げ

る回答者が50%を超えていた（パネル脱落者を含めない時の数値），DK/NAは必ずしも持続的な意思表明ではないようだ。

　第7に，JESⅡ-W1データ（W7回答は1041名）とMIデータ（2255名）とで，W1とW7とにおける政党支持（3値）のクロス表を比較したところ，自民党支持では70%前後，政党支持なしで57〜60%と，大差はなかった。W1とW2,W1とW7の比較の限りでは，今回のMIデータの結果は，三宅（1998：1章）における安定性の結論に近いことになろう。

　第8に，7回分のパネルを通しての政党支持の安定性を眺めた。当然ではあるが，二重クロス表による2回分の比較と比べ，より不安定的である。7回のパネルすべてで政党支持を回答している533名とMIデータの2255名とを比べると，「7回続けて自民支持」は20.5%と13.8%，「7回続けて自民以外の党支持」は13.9%と10.2%，「7回続けて政党支持無し」は2.6%と3.8%だった。今回のMIデータでは，「7回続けて自民支持」が6.7%減って約3分の2になっている。合計すると，3値での政党支持で7回とも同一カテゴリー内だったのは，JESⅡ-W1データで37%，MIデータで28%である。

7-3　今回の分析では，多くの課題が残ってしまった。JESⅡだけでも大きく複雑なデータであるうえに，複数のデータを比較したため，分析不足の点が少なくない。たとえば，JESⅡの新規回答者のバイアスについて詳細な検討はできていない。

　また，この時期の政党支持なし者の多く（5-1-1で言及した朝日の3回分のデータでは，70〜82%）は，leanerであると推測される。ということは，政党支持を表明していた者が同じ党のleanerになって「政党支持なし」を表明しても，必ずしも政党支持の不安定性を意味しないであろう。leanerまで含めて政党支持の安定性を考えてみることも検討すべきであろう。

　JESⅡデータは選挙前後を中心としているために支持無しが少な目になるし，また，選挙後調査の時期がより選挙に近いため，明推協データよりも支持無しが少なくても不思議ではない。しかし，さらにJESⅡデータの特徴を明

らかにするためには，自民党支持と政党支持無し以外の政党についての検討も望まれよう。また，W1とW7などの2回分の比較では，政党支持の安定性は低くないという結論であるが，パネル7回分の安定性については，さらなる検討が必要である。

7-4 今一つの課題として，MI（多重代入）の問題がある。今回のMIの適用は，まったくの試行であるが，MIを適用するとJES IIのパネル部分を他のデータと比較しやすくなるのではないかとの試みであり，一応，肯定的な結果を得たと考えている。

しかし，refreshment sampleとの対比や，今回の試行がどの程度適切な適用になっているかは，十分には検討できていない。MI（多重代入）は基本的にはシミュレーションであり，またどのような変数を含めるかによっても，(MARの仮定の適切性や) 結果が変化する。今回の数値は暫定値にすぎない。今後，使用頻度が高まっていく方法だと思われるが，MIを使うに際して，説明に含める変数・計算方法・その他について多様な選択肢があるため，選択の仕方でどの程度まで代入結果が異なるかの検討や，恣意的にならない使い方を工夫していくことが重要になるだろう。また，今回は，MIデータを用いた本格的な分析には入れなかった。これらも今後の課題である。

近年，パネルデータの分析法やMIその他の手法的な発展が著しい。手法だけが発展しても仕方がないが，欠損値への対応の問題は以前からの個人的な関心事でもあり，今後の分析の進展に期待している。

謝　辞

本章は，中央大学2011年度特別研究の成果の一部である。貴重な機会を与えて頂いた中央大学，および同文学部に対して，深謝する。また，本章では諸種のデータを利用させていただいた。個票データであるJES IIデータ・明推協データは，木鐸社のリヴァイアサン・データバンクから入手したものである。JES IIデータは，平成5～9年度文部省科学研究費特別推進研究「投票行動の全国的・時系列的調査研究」に基づく「JES

第4章　1990年代中期の政党支持の変化と，世論調査データの比較可能性　141

II研究プロジェクト」（参加者・三宅一郎，綿貫譲治，蒲島郁夫，小林良彰，池田謙一）による研究成果である。データを公開されたJES II研究チームの方々，また明るい選挙推進連盟に感謝申し上げる。

1) 相田・池田（2005）は，縦断調査における欠測の問題を扱っている。理論的検討に続き，JES IIIデータへの応用が示されている。その中でJES IIの補充サンプルへの言及があり，「JES II，JES IIIでは追加標本は拒否や移動などで対象者が減少した選挙地点に，予め多めに抽出しておいた標本を追加している」（9頁），「経験的には都市部と小都市において農村部よりも大きな欠測が発生するために多く追加標本を用いることとなり，抽出確率が都市規模などの変数と相関を持つことになる」（9頁）という。
　　本章では（抽出標本ではなく）回答者について，1波回答者と2波・5波・6波・7波の新規回答者のそれぞれとで，「市郡規模」（7値）とのクロス表と連関の測度を各々出力した。（注4で述べるように，2波はやや異質な可能性がある。）カッコ内に，フィッシャーの直接法によるカイ2乗値と，スピアマンの相関係数とを記すと，①1波と2波新規で（6.7, -.041），②1波と5波新規で（1.2, -.003），③1波と6波新規で（13.8, -.062），④1波と7波新規で（7.5, -.041）だった。カイ2乗値は，③のみ5%水準で有意だった。スピアマン相関係数は，③で1%水準で有意で，①④で5%水準で有意だった。5波新規回答者は1波回答者とほぼ同等だったが，残り3回の新規回答者は1波回答者よりもやや都市部が多くなっている。
　　一般に都市部の回答率が低いため，補充サンプルの「回答者」の偏りは「対象標本」の偏りよりも小さくなると推測される。また「経験的には」後に図-3，図-4に示すように，自民党支持・支持なしに限定すると，JES II新規回答者の回答は明推協データの結果に近かった。つまり，JES IIの各回の新規回答者については（パネルの脱落問題が存在しないこともあり），自民党支持・支持なしは「結果的には」ほぼrefreshment sampleからの回答に近かったことになる。厳密な比較・多様な比較に際しては，より詳細な検討が必要になる。
2) 読売・朝日のデータは，当初は「ヨミダス」・「聞く蔵」で調べていたが，表4-3の朝日の93年選挙後・95年選挙後のデータを，松本：2001で補った。なお，朝日の政党支持の質問はこの時期は2段階で行われていた。松本（2001）では2段階目の「支持なし率」のみが示されている。このため，表3では，支持なし率としてカッコ内に，2段階目の「支持無し」と2段階目の「支持色」との合計値を入れた。これは，1段目の支持なし率の高めの推定値となる。カッコの前の1段目の数値が入っている場合（それぞれ，カッコ内の数値より6%・8%・1%，低い）は，他社と直接に比較可能である。
3) 本章では，マスコミ各社の数値は生数値で示している。90年代中期のDK/NA

は，読売は2％前後，朝日は2〜4％くらいであり，粗い比較には足りよう。松本 (2001) では，毎日の DK/NA は93年8月以降は示されていないが，90年から93年4月までは，1％から3％程度である。明推協の DK/NA は5％〜7％でやや高めであり，DK/NA を除いた百分率で比較すると，少し異なる結果が得られる。
4) 蒲島他（1998：11-13頁）の記述によれば，JES Ⅱの第2波の「新規回答者」には，第1波の非回答者（unit nonresponse）が含まれていると思われ，完全な refreshment sample ではないようだ。第1波の非回答者（unit nonresponse）は自民党支持者が少な目などの可能性もあり，今回，「新規」の調査対象者のみを取り出したかったが，できていない。これに対し，第5波・第7波の「新規回答者」は，refreshment sample により近いと思われる。
5) 計算には，SPSS バージョン22の多重代入を用いた。W1からW7の政党支持（3値，名義変数）に対し，他の変数を独立変数とし，インターアクションなしで，多重代入した。説明変数のうち，性別（2値，名義変数）・年齢（5値，名義変数）・朝日の選挙区特性（4値，順序変数）は欠損値がない。イデオロギー（10値，スケール変数）は，7波すべてに質問があり7変数であるが，欠損値（DK/NA および調査非回答）がある。自民党感情温度の Wave 別個人別標準化得点（各波ごとに，個人別に，全政党の感情温度の平均値・標準偏差で標準化したもの）は，W2とW7で質問されていないため5変数で，スケール変数であり，欠損値（DK/NA および調査非回答）がある。
6) JES Ⅱでは W1から自民支持が多めで支持無しが少なめだったことも影響している可能性もある。なお，蒲島（1998：134頁）の表6-7に類似の数字があるが，分母が異なるため，値の比較には注意されたい。

参 考 文 献

1. Allison, Paul D. (2002) *Missing Data* (Thousand Oaks: Sage).
2. Hirano K., G. W. Imbens, G. Ridder, and B. Rubin (2001) "Combining Panel Data Sets with Attrition and Refreshment Samples", *Econometrica* 2001 Nov. vol. 69-6, pp. 1645-1659.
3. 蒲島郁夫 (1998)『政権交代と有権者の態度変容』木鐸社.
4. 蒲島郁夫・綿貫譲治・三宅一郎・小林良彰・池田謙一 (1998)『JES Ⅱコードブック』木鐸社.
5. 小林良彰 (1997)『日本人の投票行動と政治意識』木鐸社.
6. 前田幸男 (2004)「時事世論調査に見る政党支持率の推移 (1989-2004)」『中央調査報』564号，1-8ページ.
7. 松本正生 (2001)『政治意識図説：「政党支持世代」の退場』(中公新書) 中央公論新社.

8. 松本正生（2006）「無党派時代の終焉：政党支持の変容過程」『選挙研究』21号，39–50ページ。
9. 三宅一郎（1998）『政党支持の構造』木鐸社。
10. 三宅一郎・西澤由隆・河野勝（2001）『55年体制下の政治と経済：時事世論調査データの分析』木鐸社。
11. 宮野勝（2009）「「相対」政党支持率と「相対」内閣支持率の安定性についての試論：マスコミの世論調査の信頼性」『中央大学社会科学研究所年報』13号，97–114ページ。
12. 西澤由隆（1998）「選挙研究における「政党支持」の現状と課題」『選挙研究』13号，5–16ページ。
13. Smith, Tom W. (2008) "Repeated Cross-sectional Research: the General Social Surveys", S. Menard ed., *Handbook of Longitudinal Research: Design, Measurement, and Analysis* (Burlington: Academic Press), pp.33–48.
14. 谷口将紀『政党支持の理論』岩波書店，2012年。
15. Vandecasteele, L. & A. Debels. (2007) "Attrition in Panel Data: The Effectiveness of Weighting", European Sociological Review, 23-1, pp. 81–97.

＊ 本章は，『中央大学社会科学研究所年報』第18号（中央大学社会科学研究所，2014年）収載「1990年代中期の政党支持態度の変化と，世論調査データの比較可能性」に一部修正を施したものである。

補　章
98年参院選の分析
――選挙結果データを中心に――

宮　野　　　勝

1. はじめに[1]

　1998年7月12日の参院選は，国政選挙としていくつかの特徴を持っている。選挙直前の1〜2ヶ月から選挙直後にかけての自民党支持率の急落と民主党支持率の急騰，事前の情勢調査の外れ，1995年参院選に比べての投票率の突然の上昇，などである。

　98年参院選は，2つの意味で事前の予想を大きく覆す結果となった。第1に，5〜6月頃までは自民勝利が予想されていたにもかかわらず，選挙戦直前ないし情勢調査の段階で自民苦戦（主要6新聞社平均で61議席）が伝えられたこと，第2に，情勢調査以上に，選挙結果で自民党が「大敗」（44議席）したこと，である。

　しかし，95年参院選の結果と比べるとき，表1に示すように，議席数では大差はない。すなわち，自民党は選挙区選で34議席が30議席になり，比例選で16議席が15議席になっただけである。その限りでは自民党の結果は実力通りであり，格別に負けてはいないともいえる。89年以降この10年間の4回の参院選のうち3回で大敗しているのでは，それが実力といわれても仕方がない面がある。

表1：1995年と1998年の各党獲得議席数の対比

1995	比例区	選挙区	1998	比例区	選挙区
自民党	15	34	自民党	14	30
新進党	18	22	民主党	12	15
社会党	9	7	共産党	8	7
共産党	5	3	公明党	7	2
さきがけ	2	1	自由党	5	1
二院クラブ	1	0	社民党	4	1
民改連	0	2	無所属	0	20
平和市民	0	1			
無所属	0	6			
計	50	76	計	50	76

しかし、95年参院選も自民党にとって予想外の「大敗」であり、98年参院選はそれを上回る「敗北」だった点で、やはり自民党にとっては「大敗」だったのである。また、参院選には6年周期があり、89年・95年の周期では敗れてきたものの、86年・92年の周期で敗れたのは初めてであり、その点でも「敗北」であった。(蒲島：1998b（40頁）は、「自民党は自民党の虚像に負けてショックを受けた」と表現している。)

本報告では、筆者に利用可能なデータ（選挙結果データ、読売新聞社の事後面接調査など[2]）を用い、これらの現象がなぜどのようなプロセスで生じたのかを探り、98年参院選に関するいくつかの仮説の当否を検討し、98年7月の参院選における有権者の投票行動を解明することを試みる。(選挙結果データは主として比例選に限定する。特に言及がない場合は比例選の話である。また、読売新聞事後調査データの分析も加える。)

2．選挙前の世論の動き

98年1月からの98年7月の参院選まで世論はどのように動いていたのだろうか。各種マスコミが政党支持率・内閣支持率・投票意欲などについて重ねて世論調査をおこなった結果が公表されてきている。それらを対比検討することにより、選挙までの世論の動きの概略を把握することができる。

2-1 政党支持率

　政党支持率について，読売新聞が実施している毎月の調査の結果を図1に示した。99年1月から6月にかけて（投票半年前から1ヶ月前にかけて），支持なしは50％余り，自民党支持は30％前後できわめて安定的である。同じく，主要な野党である民主党・共産党・公明党・自由党などに対する支持率も低いままであり，特段の上昇の動きはみられなかった。

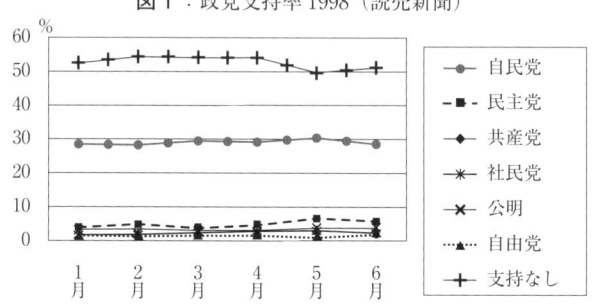

図1：政党支持率1998（読売新聞）

　ただし，朝日新聞では，自民党支持率は「今年になって三割前後を維持してきたが，参院選が近づくにつれて減り，六月調査（電話）で23％，参院選情勢調査では19％まで落ち込んだ。」（朝日7月15日朝刊2面）としている。5月調査までは読売・朝日の両社で一致しながら，6月調査に関しては両社で不整合が生じている。

　電話調査では「答えない」が増えたり，また，自民党支持率は面接調査よりも低めに出やすい点には注意が必要（加藤：1996, 9頁の表5, 林・田中1996, 17頁の表5, 参照）であり，この点を含め，6月調査における両社の不整合についてさらに検討する必要がある。しかし，少なくとも投票1～2ヶ月前までは自民党支持率が3割前後で安定していたといえよう。

　投票日1週間ほど前の情勢調査の時点では，朝日新聞（7月4～5日調査）では，自民党支持率は激減している。自民党19％，民主党7％，共産党4％，公明党・新党平和3％，社民党3％，自由党2％，である。しかし，毎日新聞（7

月4〜5日調査）では，自民党27％，民主党10％，共産党5％，社民党5％，公明党・新党平和4％，自由党3％，であり（毎日調査では，どの政党についても朝日調査よりも高めに出ている点に注意），自民党支持率激減とまでは言えない。ただし，いずれの調査でも，民主党が自民党に迫るという勢いはない。

なお，政党支持率は選挙後調査ではさらに大きく変化していた。朝日新聞の7月13〜14日の電話調査では，自民党22％，民主党16％，共産党7％，自由党5％，公明・新党平和4％，である（朝日7月15日朝刊2面）。読売新聞の7/15〜16日の電話調査では，自民党17％，民主党12％，共産党5％，公明4％，社民党3％，自由党3％，である。なお，後に分析する読売新聞の7月17〜18日の面接調査では，自民党21％，民主党18％，共産党7％，公明4％，社民党4％，自由党4％，である。これら三者の結果は，（読売電話調査が全政党について低めである点を除けば，）ほぼ同等とみてよかろう。

2-2 内閣支持率

日経電話世論調査の内閣支持率を図2に示した。橋本内閣支持率は発足直後の96年1月の54％から98年1月には30％，98年6月には27％に下落している。

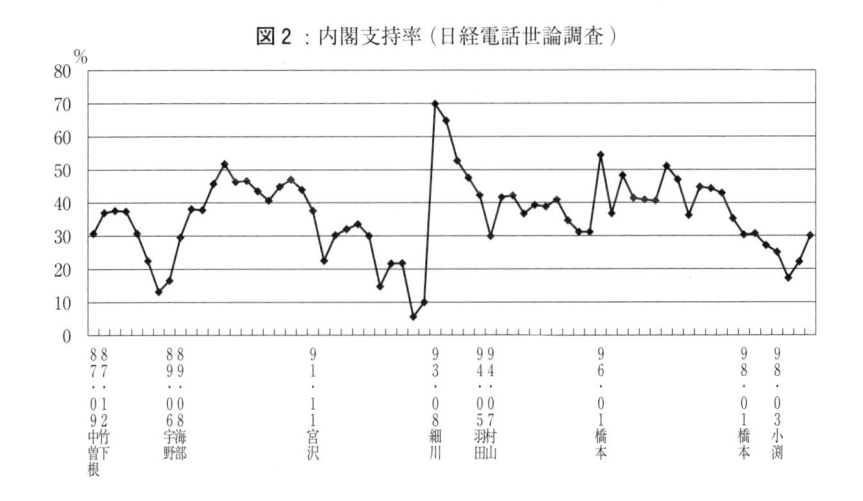

図2：内閣支持率（日経電話世論調査）

読売新聞調査では，98年6月に橋本内閣支持率は初めて30％を割り，自民党は「参院選に危機感も出ている」が，「一方，野党第一党の民主党も支持率の落ち込みが目立ち，「自民党の対抗勢力」としての戦略の練り直しが迫られた形だ」としている（読売6月17日朝刊2面）。

　竹下内閣・宇野内閣の支持率低下に際しての89年参院選，宮沢内閣の支持率低下に際しての93年衆院選，に自民は大敗してきたが，今回も橋本内閣支持率の低下傾向の中での参院選であった。一般論として，内閣支持率が低いままでの選挙戦は，選挙に際しての与党の＜顔＞がなくなるわけで，与党にとっては苦しい選挙戦になることが予想される。

2-3　投票意欲

　98年参院選の投票意欲に関して，読売新聞98年4月18〜19日調査では，95年参院選前の調査に比べ，「必ず行く」は16％低く，「なるべく行くつもり」を合わせた割合でも4％低く，95年参院選の投票率を「下回るのは確実な情勢である」とされていた。（読売5月4日朝刊1面）

　この点は投票日1週間ほど前の情勢調査では逆転し，朝日新聞の情勢調査では，「必ず投票に行く」が95年参院選を上回り，「50％前後か」という予測が出されている。（朝日7月8日朝刊1面）

2-4　選挙前の世論の動きのまとめ

　以上をまとめると，政党支持や投票意欲の点では，投票日1〜2ヶ月前ほどでなお，大きな動きは見られていない。投票日1週間から10日くらい前の情勢調査では，政党支持率の変化や投票意欲の増大が観察された。この間のどこかの時点で大きな変化があったと思われるが，そのターニングポイントは未確認である。いずれにせよ，投票意欲や政党支持は投票の1〜2ヶ月前から1〜2週間前の間のどこかで大きく動き始めた。

　なお，内閣支持率はその前から落ちており，内閣支持率は選挙結果を占う先行指標として使える可能性がある。（内閣業績評価が政党支持に影響を与え，そして

投票に影響するという点で，三宅：1989：171 頁の投票行動モデルと整合的でもある。)

3. 選挙結果データの分析：95年参院選・96年衆院選・98年参院選の比例区の市区町村間比較

　98年参院選の比例選の特徴を知るためには，これまでのいずれかの選挙との比較が必要になる。どの選挙と比較すべきだろうか。答えは比較の目的に依存するが，近年の選挙の中での変化の方向を知りたければ，直近の国勢レベルの選挙との比較が必要になる。本報告では，比例選について，95年参院選結果や96年衆院選結果と比べて98年参院選結果はどのように変化しているのかいないのかを探り，これを通じて，近年の投票行動の動態を検討する。
　ただし，96年衆院選は，同じく比例選といいながら選挙制度が異なっているため，単純な比較がしにくい面がある。また，同じ参院選でも95年と98年とでは有権者に提示された選択肢＝政党が異なるため，単純な比較ができない場合がある。(なお，データの下の方の桁に若干の不整合が残っている可能性があるが，ここでの議論には影響しないと考えている。)

3-1　有権者数・投票率・有効投票数

　分析に際しては，主として市区町村別のデータを用いる。県別データよりも市区町村別データの方がより複雑な仮説の検証や地域別の変動を捉える可能性がある。
　市区町村の分類としては，それぞれの行政単位が区・市・町・村のいずれであるかという形式的な区分を用いる。この区分は独自の意味を持つと同時に，より実質的な市区町村特性の代替と考えることも可能であろう。(なお，市区町村に関して，95年参院選から98年参院選の間にも若干の合併や分割があった。95・96・98年を同一の単位で比較するために，より大きなまとまりの方を分析単位として採用した。)

3-1-1　有権者数

　表2に，分析で使用する市区町村の数と割合とを示した。単純な数では町が

約2000，市が656，村が572，区が150である。しかし，有権者数では，市が56％，区が22％，町が20％，村が2％である。数では区よりも村の方が4倍近くあるが，有権者数では区の方が約11倍と，逆転する。98年選挙では町村部以上に市区部の投票率が上がったためもあり，投票数や有効票数の比率は有権者比率と大きくは異ならない。

表2：市区町村数と有権者数などの構成比

コード	市区町村	度数	%	有権者数 98	投票数 98	有効票数 98
1	村	572	17.0	2.0%	2.4%	2.3%
2	町	1992	59.1	19.8%	21.6%	21.4%
3	市	656	19.5	56.3%	55.2%	55.3%
4	区	150	4.5	21.9%	20.8%	21.0%
	合計	3370	100.0			

全国の総有権者数は，95年参院選で9676万人，96年衆院選で9768万人，98年参院選は9905万人である。95年と98年とを比べると，市区町村別では，村で2.5万人，町で36.5万人，市で145万人，区で45万人増加している。増加率では，それぞれ，1.3％，1.9％，2.7％，2.1％である。

3-1-2 投 票 率

総投票者数は，95年参院比例選で4307万人，96年衆院比例選で5824万人，98年参院比例選は5828万人である。全国総計の投票率は，95年参院選で44.5％，96年衆院選で59.6％，98年参院選は58.8％である。投票率では96年衆院選の方が1％弱高いが，有権者数が増加しているため，投票者数では98年参院選の方が4万人ほど多い。

98年参院選は95年参院選に比べ，大幅に投票者が増えている。投票率については，「低落傾向にあった参院選の投票率が，なぜ突然上昇したのか」という大きな問いが存在する。これに答えるために，表3を用意した。

表3：総投票率と有効票率

市区町村	総投票率			投票中の有効票		
	95	96	98	95	96	98
村	61.6%	71.5%	69.8%	91.1%	92.7%	94.2%
町	53.0%	66.3%	64.3%	92.5%	93.8%	95.2%
市	42.6%	58.3%	57.7%	94.9%	95.6%	96.5%
区	40.0%	54.3%	55.8%	95.8%	96.9%	97.2%

表3からは，95年参院選と比べて，98年参院選の投票率は，1) 市区町村のいずれでも上昇した，2) 町村部（8〜11%上昇）より市区部（15〜16%上昇）で上昇した（町の11%の上昇と，市区部の上昇の差は4%位にすぎない），3) 上昇の仕方は直線相関を保ったままy切片が持ち上がる形で上昇した，ということがわかる。

各市区町村を単位として95年と98年との投票率の相関係数をとると，.90と，直線的である。(96年と98年との相関係数.88と大差ない。) これは，95年から98年への変化が，図3 (95年の投票率をX軸，98年の投票率をY軸にとった散布図) に示すように，投票率100%の交点を固定してy切片を持ち上げた形になっているためである。このことは，95年参院選と比べて98年参院選では (元々相対的に投票率が高い) 町村の投票率上昇以上に，(元々相対的に投票率が低い) 市区部の投票率が上昇していることと対応している。

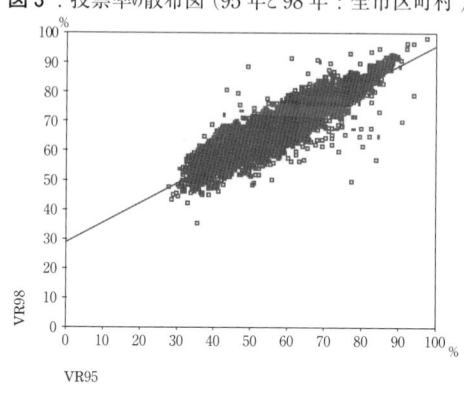

図3：投票率の散布図 (95年と98年：全市区町村)

補　章　98年参院選の分析

　ここで言えるのは，投票率は，市区町村に関してはほぼ一律の上昇（町と区で4.5%の差）だということである。1) 大都市の有権者が投票に行ったから総投票率が上がったというよりも，町村部も含めて95年に棄権した有権者が一定の割合で投票に行ったから総投票率が上がった（なお，総投票率の上昇14.3%を，市区町村別ごとの上昇による貢献に分解すると，区3.5%，市8.5%，町2.2%，村0.2%となる。この限りでは，総投票率の上昇は主として市区部の上昇の効果だとも言えるが，それは市区部の有権者数が多いことを反映しているにすぎない。また，町村部の上昇がやや少なめだったのは，既に十分高くて上昇余地が小さかったためである。）。

　そのことは何を意味するだろうか。2) 投票率上昇は，政党支持や年齢や政策意見などの各市区町村特性によっては説明できない，ないし説明力が弱い，ということを意味しないだろうか。

　ところで，98年参院選を96年衆院選と比較してみると，総投票数ないし総投票率では，両者はきわめて近い。これは何を意味しようか。「96年衆院選の投票者と98年参院選の投票者とはほぼ同一」と考えてよいのだろうか。Ecological Fallacyのおそれがあるため，推論に際しては慎重であるべきだが，検討の一端として，市区町村レベルでも同様であるか否かを調べてみよう。図4は，市区町村別の投票率の95年・96年・98年の箱ひげ図である。

図4：市区町村別の投票率の箱ひげ図
（左図から，95年・96年・98年，図内では，1＝村部，2＝町部，3＝市部，4＝区部）

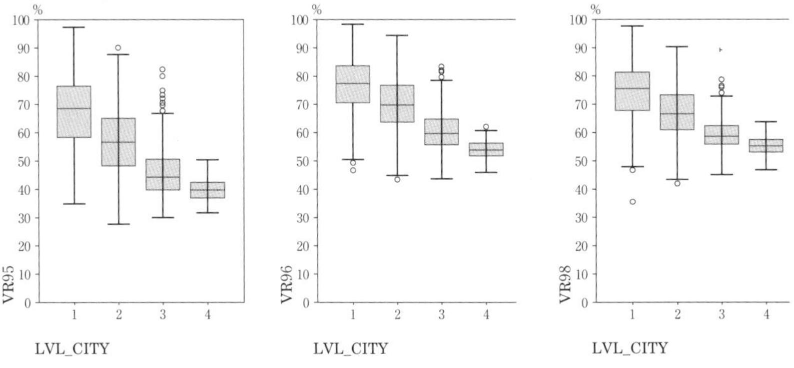

図4からは，市区町村に4分割しても，98年の投票率は96年衆院選の投票率にきわめて近いことがわかる。

より詳細に見るために，3370の各市区町村別で，96年から98年の投票数増加分のみを合計すると170万人，減少分のみを合計すると166万人である。増加は，市部94万，区部47万，町26万である。減少の大部分は市部と町で，各100万，56万である。差し引きでは区部でのみ増加し，全体でも4万人の増加にとどまっている。この数値は，約1億人の有権者と対比すると，きわめて小さいといえるのではないか。（個々の3370市区町村を単位とした散布図（省略）をとっても，98年の投票率は96年衆院選の投票率にきわめて近い。）

元来，各党得票率など諸特性で著しく異なる（後掲の表4参照）市区町村の間で大きな差異がないとすると，市区町村によって異なる諸特性を用いることでは96年と98年の相違を説明するのは困難であることを意味するのではなかろうか。すなわち，ある党の支持者の動向や地域の年齢構造や産業特性による説明の力は弱いのではなかろうか。この点は，Ecological Fallacyの可能性を直接否定するものではないが，本報告ではやや大胆に，「96年衆院選の投票者と98年参院選の投票者とはほぼ同一」という命題を提案する。（この点を検討できる世論調査があれば，そちらでの検討も必要である。）

3-1-3 投票率比の有効投票数

有効投票数は，95年参院比例選で4067万人，96年衆院比例選で5557万人，98年参院比例選は5613万人である。96年衆院選と比べても有効投票数は57万票増えている。

表2から読みとれるように，95年参院選と比べて，98年参院選は無効投票が少ないことを指摘できる。95年参院選と比べると，投票率自体が大幅にアップし，かつその中で無効票の絶対数（240万から215万）も割合（5.6％から3.7％）もダウンしている。これは，「98年参院比例選は，有権者にとって投票しやすい選挙であった」ことを意味するのではなかろうか。単純にとにかく投票に行こうという姿勢ではなく，有効な1票を投じているのである。全くの推

測であるが，新しい民主党は，党首の＜顔＞という点でもイデオロギー軸上での位置においても政権担当能力イメージという点でも，迷う有権者にとって投票しやすい受け皿だったのではなかろうか。

3-2 与野党の得票数・有権者比得票率・有効投票比得票率
3-2-1 自民党
3-2-1-1

　年度の異なる選挙の間での，自民党と他の政党・無効票・棄権などとの間の相互の移行者の数は明確にはわからない。選挙結果からは，地理的移動がほとんど無かったという仮定をおいてみることで，移行者の下限推定値を出すことができる。

　全国レベルのマクロでは，比例選での自民党得票数は，95年は（四捨五入して）1110万票（27.3％），96年は1821万票（32.8％），98年は1413万票（25.2％），であった。これからは，98年には，95年と比べて自民への流入は少なくとも303万票，96年と比べると流出は少なくとも408万票，となる。（市区町村レベルの結果データからは，この下限推定値を押し上げることができる。98年には，95年と比べて自民への流入は少なくとも312万票，自民からの流出は9万票であり，96年と比べると自民への流入は少なくとも6万票，自民からの流出は413万票であった。）

　ただし，96年衆院選は，同じく比例選といいながら，選挙制度が異なっているため，単純な比較ができない。衆院選は地域ブロックごとの比例選であるため，小政党が出馬しにくく，主要政党の得票率の合計が高めになっている。参院選よりも自民党得票率が高めになった理由の1つであろう。

3-2-1-2

　95年と98年の各党得票率を比較するために，表4と表5を作成した。

表4：98年参議院比例選における主要政党得票率

	有権者比				有効票比			
	村	町	市	区	村	町	市	区
自民党	24.2%	20.2%	13.4%	10.1%	36.9%	32.9%	24.1%	18.7%
民主党	10.5%	11.4%	12.5%	12.9%	16.0%	18.5%	22.5%	23.7%
共産党	6.7%	6.9%	8.1%	10.1%	10.2%	11.2%	14.6%	18.6%
公明党	7.8%	7.7%	7.7%	8.3%	11.9%	12.6%	13.8%	15.3%
自由党	6.2%	5.6%	5.1%	5.2%	9.5%	9.2%	9.2%	9.5%
社民党	5.4%	4.8%	4.5%	3.7%	8.2%	7.8%	8.1%	6.9%
6党計	60.9%	56.5%	51.4%	50.3%	92.7%	92.3%	92.3%	92.7%

表5：95年参議院比例選における主要政党得票率

	有権者比				有効票比			
	村	町	市	区	村	町	市	区
自民党	21.0%	17.2%	10.5%	7.9%	37.5%	35.0%	25.9%	20.6%
新進党	16.2%	13.7%	12.8%	12.3%	28.9%	28.0%	31.6%	31.9%
社会党	9.4%	8.7%	7.1%	5.6%	16.8%	17.8%	17.5%	14.5%
共産党	3.4%	3.2%	3.9%	5.1%	6.1%	6.5%	9.5%	13.4%
さきがけ	1.0%	1.4%	1.4%	1.9%	1.8%	2.9%	3.5%	4.9%
二院クラブ	0.7%	0.9%	1.3%	1.8%	1.3%	1.8%	3.2%	4.8%
6党計	51.8%	45.1%	36.9%	34.6%	92.4%	92.0%	91.2%	90.1%

　表4と表5とで自民党の行を比べると，98年参院比例選と95年参院比例選との自民党得票率の市区町村別の相違を見て取れる。結果を述べると，1）町村部に比べて市区部での自民党得票率が著しく低いこと（98年では有効票比で村では37％だが区では19％と2倍の開きがある），2）有権者比では市区町村のいずれでも自民党得票率は2～3％くらい上昇していること，しかし，3）有効投票比では町・市・区のいずれでも自民党得票率が2％ほど低下していること，をみてとれる。

　相関という観点からも，自民党得票数について，各市区町村単位でみて，95年参院比例選・96年衆院比例選・98年参院比例選が，相互に高い相関（.91～.99）を示す。

このことは，市部や区部で自民党が急に不人気になったわけではないことを意味しているだろう。ただし，市区部では町村部よりもいっそう投票率が上昇している点を考えると，市区部では棄権から投票に切り替えた有権者の票を集められなかったという点では，不人気を意味しよう。

図5の左図は，有権者比での自民党得票率の散布図（95年と98年の対比）である。

図5：有権者比の自民党得票率の散布図
（左図は95年と98年，右図は96年と98年：全市区町村）

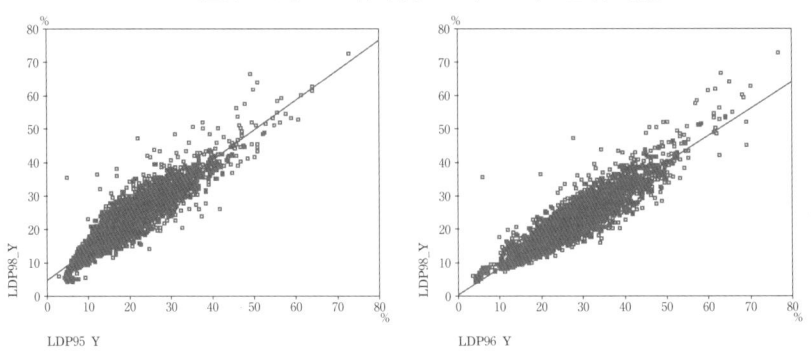

比例選での自民党「敗北」(比例選で，95年の15議席から98年の14議席に減った)の理由を，「投票率が前回に比べて大幅にアップしたこと」には求められないのではないか。投票率は14.3％もアップしたにもかかわらず，自民党の議席は1つ（有効投票比の得票率で2％＝参院比例選50議席中の1議席分）減っただけである。ここでは，第1に，前回棄権者の票，あるいは無党派の票を十分には取り込めなかったこと，第2に，市区部で（死票になる＝議席を獲得できなかった）ミニ政党の得票分が2〜3％減り，その分が有力野党に回っていること，を理由としてあげておく。

（なお，大都市部での投票率上昇による選挙結果の説明も苦しい。すでに区部の結果が示しているが，県単位で見ても，95年参院比例区と比べて，98年参院比例区の有効票比の自民党得票率の下落割合は，関東・東海・関西圏では，東京−2.1％，神奈川−

2.5％，埼玉 −0.8％，愛知 ＋1.1％（上昇），京都 −2.2％，大阪 −2.1％，兵庫 −2.9％と，全国平均での下落とほとんどかわらない。なお，以上の各県では投票率は 15 〜 21％も上昇している。）

3-2-1-3

図5の右図で，96 年衆院比例選と比べると，98 年参院比例選では有権者比の自民党得票率がほぼ全市区町村で一定の割合で減少していることがわかる。これはなぜだろうか。特に，もしほぼ同一の有権者が参加していると仮定した場合，自民党の人気低下を意味するのだろうか。

95 年から 96 年にかけて自民党の人気が回復し，98 年にかけて再び下落したという説明も成り立たないわけではない。ただし，その場合でも，図5などをみると，全市区町村にほぼ一律に適用される上下だという制約が必要になろう。

これに対し，代替説明（あるいは，並立説明・補完説明）も考える余地がある。たとえば，後に言及する政党選択肢の組み合わせである。（これらの点は，まだまったくの推測にすぎない。）

3-2-2 非自民の各党

3-2-2-1

全国レベルのマクロでは，比例選での野党得票数は，95 年は（四捨五入して）2957 万票，96 年は 3736 万票，98 年は 4201 万票，であった。これから，98 年には，95 年と比べて野党への流入は少なくとも 1244 万票，96 年と比べても流入は少なくとも 464 万票，となる。

3-2-2-2

政党の離合集散が続いているため，95 年から 98 年までの期間に一貫している政党は多くない。95 年・96 年に最大野党であった新進党は 98 年参院選時点では解体し，96 年登場の民主党も 98 年には再編成された。主要な野党の中では，共産党・公明党・社民党が党名変更などを含みつつ，ある意味で一貫しているので，これらの票の動きを見ておこう。

共産党得票数は，95 年は（四捨五入して）387 万票（9.5％），96 年は 727 万

票（13.1％），98年は820万票（14.6％），であった。（市区町村別で見ても，共産党の得票は96年と98年とで類似性が高い。）

公明党は，92年は642万票（14.3％），（95年・96年は新進党に合流していたため数値なし），98年は775万票（13.8％），であった。公明党は92年と比べて票数ではのびているが，有効投票比では微減している。

社民党は，（95年の社会党は688万票（16.9％）），96年は355万票（6.4％），98年は437万票（7.8％），であった。

3-2-2-3

「左派政党」（95年は社会党・共産党，98年は共産党・社民党・新社会党とした。組織・候補レベルでは，95年社会党の一部・96年社民党の一部が98年民主党に合流しているが，有権者は民主党を左派政党とは見ていないと推測して，民主党は省いた。）の合計を95年比例選と98年比例選とで比べると，有権者比得票率で11.1％が13.6％に，有効投票比得票率で26.4％が24.0％になっている。「左派政党」全体では，95年と98年とで大差ないといえるのではあるまいか。その意味では，95年から98年にかけての共産党の伸びは，「左派政党」を支持する有権者の票の「左派政党」内での奪い合いにすぎない可能性もある。（これに対し，共産党が従来の中道や保守に食い込んで左派のウィングを右に伸ばしているという見方も検討に値しようが，未検討である。）

3-2-2-4

表4の市区町村別の98年有効投票比で見ると，民主党は村で16％で区では24％になっている。共産党は村で10％だが区では19％と約2倍の相違があり，公明党は村で12％で区でも15％と大差なく，自由党は市区町村すべてで9.2％～9.5％と一定しており，社民党は村で8％で区で7％と大差ない。

町村では自民党が有効票比で33％・37％で2位の民主党19％・16％に大差を付けているが，市部では24％で民主党の23％とほぼ並び，区部では19％で民主党の24％に抜かれるだけでなく共産党の19％と肩を並べていた。

3-2-2-5

　有効投票比の自民党得票率と共産党得票率を 95 年・96 年・98 年の比例選について，衆院選の比例ブロックごとに集計したのが，図 6・図 7 である。

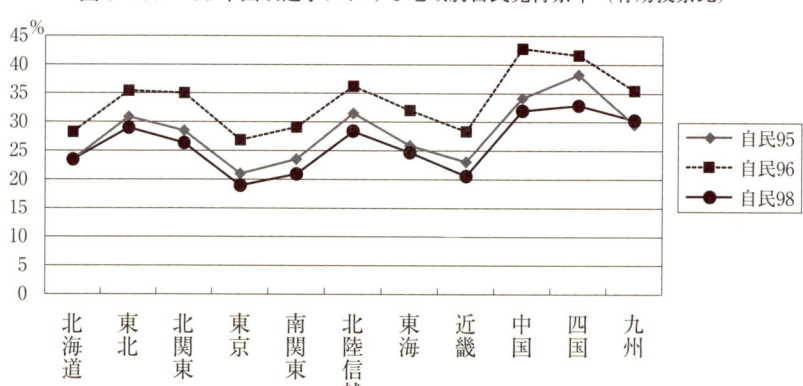

図 6：95 ～ 98 年国政選挙における地域別自民党得票率（有効投票比）

図 7：95 ～ 98 年国政選挙における地域別共産党得票率（有効投票比）

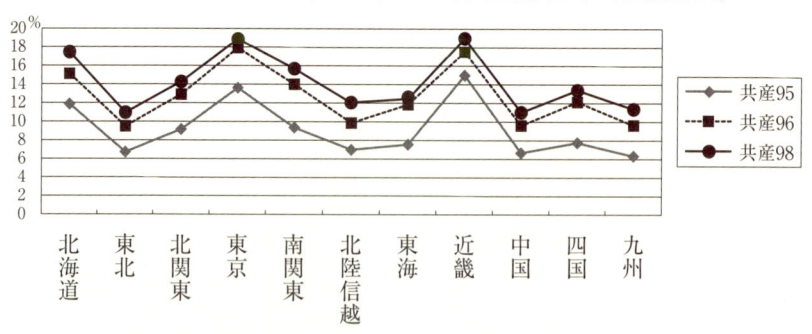

　図 6・図 7 から，有効投票比で，1) 98 年の自民党得票率は 95 年より微減であり，96 年よりは大きく減らしている，2) 自民党は東京・近畿・南関東で弱く，四国・中国・九州で強い，3) 98 年の共産党得票率は 96 年より微増であり，95 年より大きく増やしている，4) 共産党は近畿・東京・北海道で強い，ことなどを読みとれる。

　自民党の得票率は 95 年に近く，共産党の得票率は 96 年に近い。これは，何

を意味するのだろうか。96年と98年とで，ほぼ同一の有権者が参加していると仮定した場合，共産党の得票率がほぼ同一というのは納得のいく結果である。また，そのように仮定する場合，96年に自民党に投票した人々が98年には投票先を変えたことになる。どこにどのように変えたのであろうか。

　全くの作業仮説であるが，政党の布置が変わったことの影響を考えてみたい。95年参院選では「ブーム」になった新進党も，96年には公明色を指摘されるようになっていた。この新進党に代わって，98年にはより純粋な保守党として自由党が登場して9.3%もの票を集めたことの影響は自民党にとって大きく影響したのではなかろうか。また，選挙制度の違いから，ミニ政党がある程度の票を集めるために自民票が減るのではないか。（前者は次の2000年衆院選でも自民党得票にマイナスに作用し，後者はプラスに作用する要因である。）

4．事後面接調査の分析

　読売新聞社から事後面接調査のデータをお借りできたので，若干の分析を試みる。読売新聞社の事後面接調査（以下，他の読売新聞調査とも区別し，この特定の調査をY調査と呼ぶ）を選挙結果と対比するためには，若干の準備が必要であり，まずY調査の調査としての特徴を調べることから始めよう。

4-1　選挙結果と読売事後面接調査との若干の比較

　Y調査は全国面接調査で，回収率は66.3%，有効回答数は1990である。調査方法の詳細・質問項目・単純集計は，1998年7月26日朝刊に紹介されている。

4-1-1　投票・棄権の把捉率

　98年参院選の全国の投票率は58.8%，有効投票率は56.7%であった。表6は，Y調査で「投票に行ったか」という質問に対する回答を選挙結果と対比したものである。

表6：投票か棄権か：Y調査と選挙結果との対比

	回答数	回答者中の率	全対象者中の率	選挙結果	単純補足率
投票した	1514	76.1%	50.5%	58.8%	86%
棄権した	470	23.6%	15.7%	41.2%	38%
DK/NA	6	0.3%			
合計	1990	100%	66.3%		

　Y調査で「投票にいった」率は，選挙結果とは，17.3％ずれている。このずれは，非回答バイアスと「誤答効果」と（標本誤差と）の和で説明できる。この点は宮野（1986）で検討した問題だが，調査の回収率が下がり，選挙の投票率が下がった現在，その相互の割合は単純には推測できない。

　宮野（1986）では，s＝誤答率1＝棄権したにもかかわらず調査で「投票」と答えた（とされた）率とし，r＝誤答率2＝投票したにもかかわらず調査で「棄権」と答えた（とされた）率，とした。社会による個人への規制がゆるむ方向にあり，かつ，投票率が下落して棄権に対する社会的非難が弱まった結果，棄権したにもかかわらず調査で「投票」と答えるモチヴェーションは下落した可能性があると考えている。そこで，sが下落せず過去並み（34.5％）とした場合の他に，sが下落した（たとえば25％になった）とする場合をも考慮してみた。

　s＝34.5％，r＝0.8％と仮定すると，q1＝回答者投票率＝64.3％，q2＝非回答者投票率＝47.7％となる。s＝25％，r＝0.8％と仮定すると，q1＝回答者投票率＝68.9％，q2＝非回答者投票率＝38.7％となる。前者の場合，Y調査有効回答者の中には，投票者の72％，棄権者の57％，が含まれていることになり，後者の場合，Y調査有効回答者の中には，投票者の77％，棄権者の50％，が含まれていることになる。投票者・棄権者の把捉率から見ても，後者の方向への変化（sの減少）が起きているのではないかと推測している。

　（男女別の投票者把捉率や年齢別の投票者把捉率も計算できるが，今回は検討していない。）

4-1-2　投票政党別の把捉率

　表7は，調査の全対象者を分母とした場合の投票政党の回答比を選挙結果と

対比したものである。

表7：投票政党別のY調査における把捉率

	比例選投票政党の回答（分母=3000）	比例選選挙結果	把捉率	選挙区選投票政党の回答（分母=3000）	選挙区選選挙結果	把捉率
自民	14.1%	14.3%	99%	14.9%	17.2%	87%
民主	15.3%	12.3%	124%	12.9%	9.2%	141%
共産	6.1%	8.3%	73%	5.8%	8.8%	66%
公明	4.7%	7.8%	60%	3.0%	1.9%	
社民	3.5%	4.4%	80%	3.0%	2.4%	
自由	2.5%	5.3%	47%	1.6%	1.0%	

（選挙結果で4%未満の場合は把捉率を計算しなかった。）

表7では，民主党の124%，自由党の47%が目を引く。（自民・社民・公明・共産は，以前調べた他の国政選挙の数値と比べてほぼ納得できる値であった。）

自由党については，主要各新聞社の情勢調査でも少な目に出ていた。理由は不明であるが，世論調査における自由党の把捉率は低いのではないかと推測している。

民主党については，対象者全体で考えれば3%の相違にすぎないということも可能であるが，その場合でも，5%水準で標本誤差の範囲を越えているようにも思われる。（より丁寧な検討が必要である。）

4-2 読売事後面接調査の分析
4-2-1 政党支持と投票政党

支持政党への投票率は，選挙区選挙では，自民党76%，民主党64%，共産党69%，自由党49%，社民党61%，公明59%である。比例選では，自民党78%，民主党76%，共産党78%，自由党68%，社民党74%，公明86%である。（分母には棄権者も含めてある。）

比例選で見る限り，格別に支持政党への投票率が低い政党はないし，棄権が多い政党もない。自民・民主・共産・社民の各支持者の4分の3は，ほぼ忠実

にその政党に投票している。自民・民主・共産の残りの約25%のうち，13〜14%は棄権者である。社民・公明は棄権者がそれぞれ8%・6%と大変少ない。比例選で高い公明の支持政党への投票率が選挙区選で低いのは，公明が立候補していない選挙区が多いためで，そこでは民主党や無所属の候補に投票していることが少なくない。

ただし，以上は朝日新聞の出口調査などと必ずしも整合的な結果ではない。朝日新聞（98年7月13日朝刊4面）によると，（出口調査の結果では）自民支持者の自民党への投票は，選挙区選では61%，比例選では64%と報じている。また，共産党支持者の共産党への投票は，比例区では90%だったとしている。自民党は低く，共産党は高くなっている。

調査の時点も異なるし，調査方法も異なるので，どちらが適切な値であるかは不明である。1つの可能性としては，出口調査からY調査までの数日間に自民党支持が減り，自民党に投票しなかった人は自民支持から離れたとも考えられる（共産党についても方向は逆だが同様）。

Y調査で支持無しを表明したのは有効回答者の42%であるが，このグループの投票政党を示したのが表8である。比例区ではとりわけ民主党に投票している。

表8：「支持なし」の投票行動

	選挙区	比例区
自民	11.2%	10.0%
民主	14.8%	19.4%
公明	4.0%	6.1%
社民	3.6%	4.2%
共産	8.1%	8.7%
自由	1.4%	3.3%
無党派	10.7%	
DK	6.3%	6.3%
Nonapp	38.9%	38.9%
総計	830	830

性別で投票政党を調べると，公明で男女差が非常に高い。他の主要政党は男女比が1対1に近いが，公明のみ，1対2で女性が多い。

Y調査で年齢別の政党支持と投票政党を調べたものが図8・図9である。

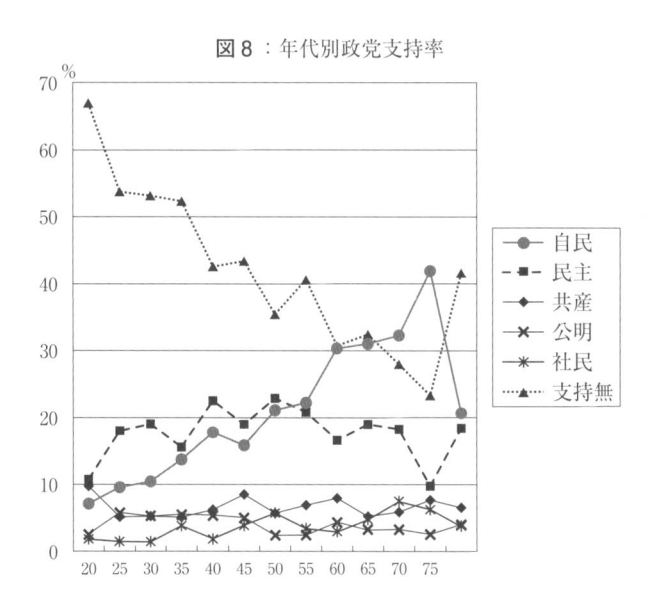

図8：年代別政党支持率

図9：年代別投票政党（比例選と選挙区選）

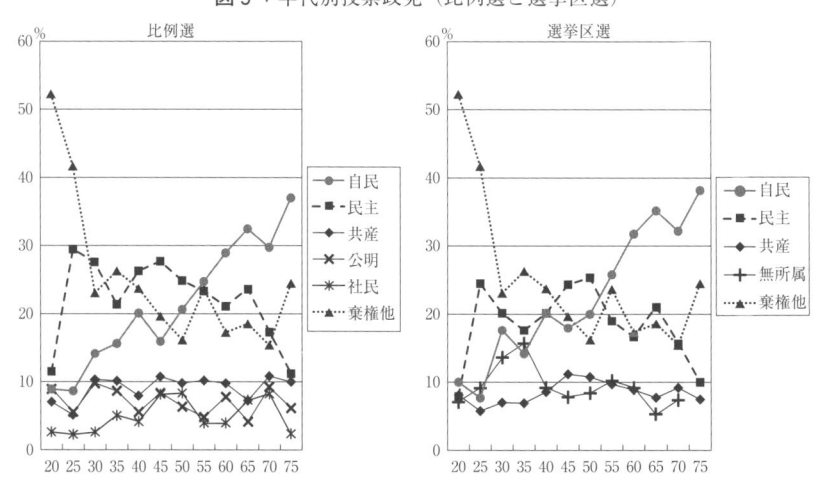

図8によると，20代前半は支持無しが圧倒的だが，20代後半から30代後半でも支持無しが50%を越える。40代になってようやく，支持無しは45%以下になる。50代前半までは民主党支持率が自民党支持率を上回る。自民党は支持率の点からは，60代以降を中心とする高齢者の党になってしまっている。もしこの調査の状態が続くならば，このままでは10年も持たないのではないか[3]。民主党や共産党は全年代でまんべんなく支持を得ている。

図9では，20代前半はともかく，20代後半も棄権が多い。しかし，30代になると急激に棄権が減る。30代は政党支持無しが多いにもかかわらず棄権は少ない。民主党はとりわけ若い層で支持以上に票を集めることに成功していた。

なお，選挙後の調査では，(1-1で紹介したように，)各新聞社の調査で，民主党支持者が急増した。6月の政党支持なしの少なからぬ部分が民主党支持に回ったのではないか。

4-2-2 選挙区選と比例区選でのクロス・ヴォート

選挙区選と比例区選でのクロス・ヴォートをY調査で示したのが表9である。(選挙区選から「流出」し，比例選に「流入」と表現した。市区町村単位の選挙結果データでも，選挙区選と比例選のクロス・ヴォートを調べてみることが望まれる。)

表9：選挙区選と比例区選でのクロス・ヴォート
(行=選挙区選，列=比例選)

	自民	民主	公明	社民	共産	自由	総計	流出率
自民	379	30	8	7	5	8	447	15%
民主	10	322	14	9	14	10	388	17%
公明	1	4	80		4	1	91	12%
社民	4	10	3	62	4		89	30%
共産	5	13	4	7	139	3	174	20%
自由	3	4	1			38	49	22%
無所属	17	70	25	15	13	12	178	100%
総計	423	459	140	104	183	74		
流入率	10%	30%	43%	40%	24%	49%		
無所属からの流入率	4%	15%	18%	14%	7%	16%		

なぜ多くのクロスヴォートが生じたのだろうか？ 最大の原因は，選挙区選で無所属に投票した人は，比例選で他の政党に投票せざるを得ない点にある。さらに，98年参院選では自民党と共産党以外の主要政党は多くの選挙区で候補を立てられなかった。このため，たとえば民主党支持者であっても選挙区選挙では自民党や共産党などから選ばざるをえず，比例選でのみ民主党に投票するなどが生じ，結果的にクロスヴォートせざるをえなかったものと思われる。

選挙区選での投票政党からの流出率は社民を除けばそれほど高いものではない。比例選での流入率は自民が非常に低く，共産も高くない。これは，両党がほぼ全選挙区で候補を立てていたことにもよる。とりわけ，選挙区選では無所属への投票が少なからずあり，そこから比例選では民主党を中心に票が流れたようである。

先の表8の政党支持なし層では，選挙区選挙では，民主・自民・無党派・共産に投票し，比例選では，民主・自民・共産に投票した。しかし，1位の民主と2位の自民との差は，選挙区で3.6%だったが，比例区では9.4%と開いていた。政党支持なしは47%と割合が高いため，わずかな比率の差が結果に大きな影響を与える。

4-2-3 投票決定時期と情勢報道が外れた理由
4-2-3-1 政党支持別の投票決定時期

有効回答によれば，選挙区選でも比例選でもほぼ同時期に決定している（図表は省略）。決定時期が早いのは自民党・自由党の支持者たちで，約8割が選挙戦前半までに決めている。決定時期が遅いのは，前半まで約6割の民主党支持者と約4割の支持なしとである。

4-2-3-2 選挙区選挙での投票政党別の投票決定時期

図10・図11に，Y調査における投票政党別の投票決定時期を示した。

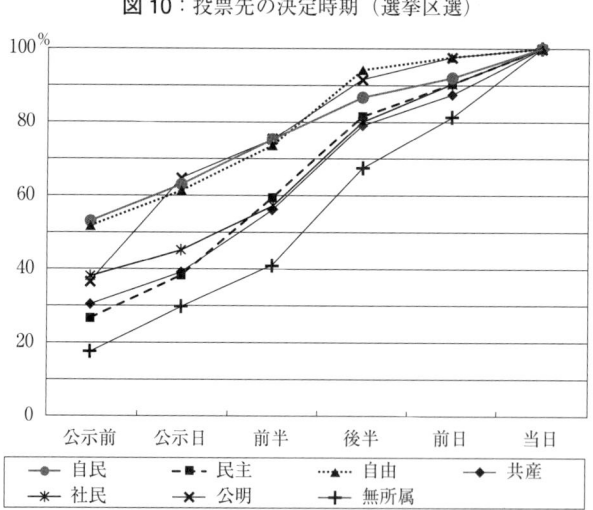

図 10：投票先の決定時期（選挙区選）

図 11：投票先の決定時期（比例区選）

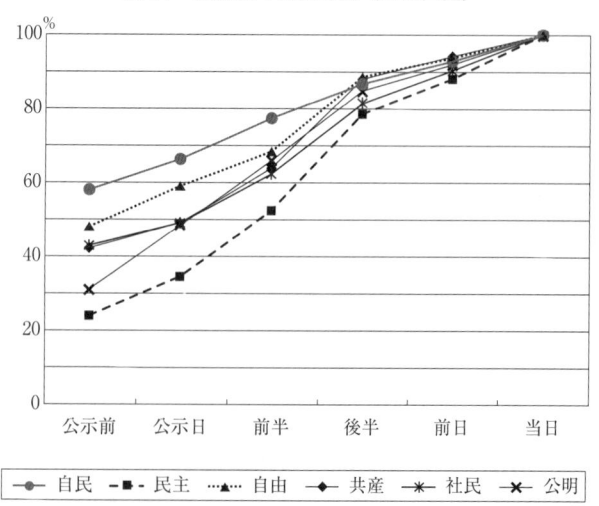

　図10で，選挙戦前半までの決定を見ると，自民党・公明党・自由党候補への投票者の決定率が最も高く，無党派候補への投票者の決定率が最も低かった。民主党・共産党・社民党候補への投票者の決定率はその中間である。選挙

戦前半までの決定率で35％位の差がある。（ただし，政党ごとに把捉率が異なる点に注意が必要である。）

情勢調査と選挙結果が大きく異なったといわれる。しかし，その中心は，選挙区選挙であり，しかも，一部の大都市圏である。当選確実と見なされていた自民党候補のうち10人前後が民主党や無所属候補に敗れているのだが，「それらの選挙区は東京，埼玉，神奈川，愛知など3～4人区の大都市圏に集中している」（岡本：1998, 7頁）のである。

とりわけ無党派候補への票は決定時期が遅く，情勢調査では十分には読み切れなかった可能性がある。（ただし，方程式を変えることでより選挙結果に一致した情勢報道をなしうる可能性も捨てきれない。）

4-2-3-3　比例選での投票政党別の投票決定時期

図11で，選挙戦前半までの決定を見ると，自民党投票者の決定率が最も高く，民主党投票者の決定率が最も低かった。選挙戦前半までの決定率で25％位の差がある。

外れたといわれる情勢調査も，比例選では選挙結果とそれほど大きな相違はない。各新聞社の予測の中央値の平均とのズレが大きいのは，自民党・自由党が約2議席，民主党が約1議席だけである。これは何を意味するのか。比例選では情勢調査以降の変化はそれほど大きなものではなかった，ということであろう。たとえば，共産党の議席は情勢調査段階とほぼ一致していた。ただし，自由党投票者の世論調査における把捉率が低い点をとらえられていなかった。

4-2-3-4　年　齢　別

図12に，Y調査における年代別の投票決定時期を示した。45歳以上と45歳未満とで，大きな差が生じている。若年層では決定が遅いのに対し，高齢層では決定時期が早い。60代以上は選挙戦前半までの決定率が4分の3くらいだが，40代後半から50代では3分の2くらい，また，40歳未満では2分の1以下になる。（データで未確認であるが）若年層では「未党派」が多いため決定が遅いのではなかろうか。

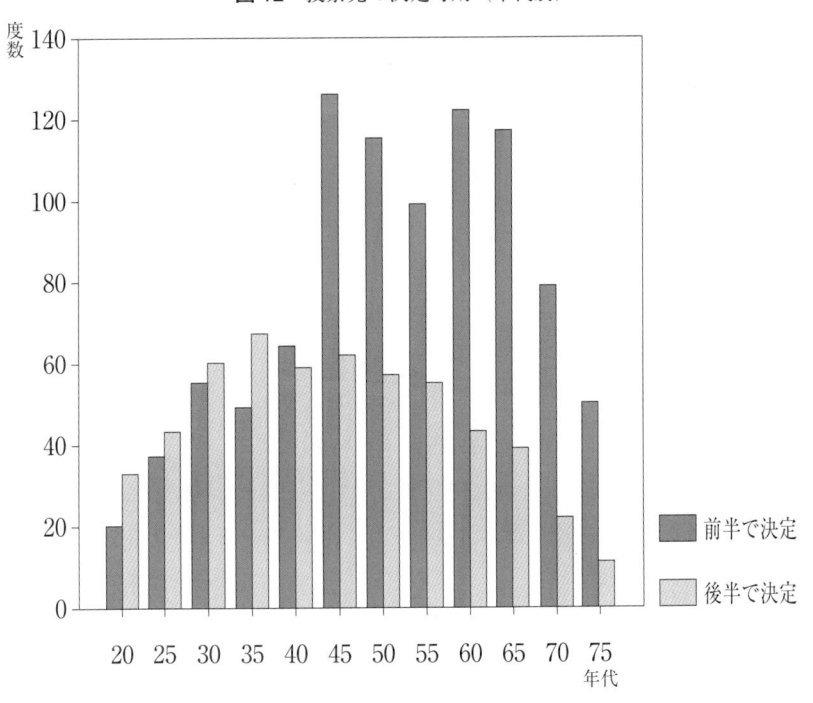

図12：投票先の決定時期（年代別）

■ 前半で決定
▨ 後半で決定

5．結論と考察

今回のデータ分析から得られた結論と考察をまとめておこう。（以下の結論や考察は暫定的なものである。）

5-1 投票率

98年参院選では，95年に比べ，大幅に投票率が上昇した。しかし，投票率上昇は大都市圏だけの現象ではなかった。また，大きく投票率が上昇した大都市圏でも比例選の有効得票比・自民党得票率の減少は，町村部と同程度であった。このことから，大都市の有権者が投票に行ったから総投票率が上がったと

いうべきではない。また、投票率上昇を市区町村特性で説明しても説明力は弱いのではないか、と指摘した。

投票率はなぜ上がったのだろうか。上記の結果は、説明として全国一律に適用可能な要因を探すことを要請する。データによる裏付けは十分ではないが、候補としては、何度も指摘されたきたように、まず、不在者投票制度簡便化や時間延長といった制度改革、マスコミなどのキャンペーン、の2点をあげられよう。さらに、98年参院比例選は、有権者にとって投票しやすい選挙であったことも指摘できよう。98年は「橋本自民党」対「管民主党」という＜顔＞の見える選挙であったことも一因であろうか。なお、やや大胆に、96年衆院選の投票者と98年参院選の投票者とはほぼ同一である、という可能性を指摘した。

5-2 自 民 党

有権者比では市区町村のいずれでも自民党得票率は2〜3％くらい上昇しているが、有効投票比では町・市・区のいずれでも自民党得票率が2％ほど低下している。このことから、比例選での自民党「敗北」（比例選で、95年の15議席から98年の14議席に減った）の理由は、投票率が前回に比べて大幅にアップしたからではない、とした。自民党は、98年選挙において市部や区部で急に不人気になったわけではない。ただし、95年から98年にかけて棄権から投票に切り替えた有権者の票を十分には集められなかったという点では、人気不足だったとは言えよう。しかし、比例選の選挙結果で見る限り、自民党は95年と比べるならば、特別に業績に不満を表明されたことにはならないであろう。（自民党は、選挙区選では有権者比得票率だけでなく、有効投票比の得票率までも増やしている。）

なお、情勢調査と比べて自民の議席を大きく減らした選挙区選の分析も必要であるが、この点では、蒲島（1988b）が参考になる。特に、「野党協力の成功と自民党の過剰公認」は、選挙区選における自民党「敗北」の大きな原因であろう。（ただし、「都市型の選挙区になるほど投票率の上昇は自民党の不利になる傾向

があった」(40頁) としている点は，候補の布置という要因でのコントロールがなされていない段階での結論ではないかと思われる。95年と98年とでの選挙区選の大きな相違点は，95年は自民党の最大の対立候補である新進党はほとんどの選挙区で候補を立てたが，98年の最大のライバル民主党は，半分以下の選挙区でしか候補を立てていない点である。また，自民党自体が候補を立てていない県は，95年には10県だが，98年では2県のみである。これらの点は，95年と比べて選挙区選では自民党の全国総数での有権者比得票率も上昇しているにもかかわらず議席を4つ減らした理由の1つであろう。)

　自民党は比例選では有権者比で14.3%の票しか取れなかった「7分の1政党」である。また，自民党は政党支持でも60〜70代を中心とする高齢者の党になってしまっている。早急に対策をとらないと自民党は10年後まで持たないのではないか。特に30〜50代にウィングを伸ばすことを考えるべきであろう。そのためには，基本的な政治スタイルの変更 (たとえば，利益配分政治からの脱却や情報公開) も必要であろうが，併用策としては，30〜40代の党首を＜顔＞に据え，周囲が盛り立てることも有効ではあるまいか[4]。

　今後の自民党にとってのマイナス要因は，純粋な保守党としての自由党の登場である。自由党の立脚点は自民党に近く，また自由党は98年参院比例選で9.3%もの票を集めている。ダウンズ流の空間配置論からみれば，影響は大きかろう[5]。また，参院比例選では選挙制度の違いからミニ政党がある程度の票を集めるために，衆院比例選よりも自民票が減るが，この点は次の衆院選では自民党得票率にはプラス要因として働こう。

5-3 民主党

　98年6月の政党支持なしの少なからぬ部分が98年7月に民主党支持に回ったと推測している。いわゆる「無党派」の少なからぬ部分は，一部は民主党支持を表明するに至り，また一部は支持なしのままで民主党に投票した。民主党はとりわけ若い層で支持以上に票を集めることに成功していた。1つの理由は，選挙区選では無所属への投票が少なからずあり，そこから比例選では民主党を中心に票が流れたためである。(なぜ民主党に「票」が流れたかの分析は，ま

だ進めていないが，党首への好意度は一因ではないかと推測している。）

　これらの点は，その後の民主党が順調に進む保証がないことを示していた。実際民主党支持率はその後低下しており，次の国政選挙の時に再び「風」が吹くかどうか不明である。（選挙戦略という点に限定すれば，党首への世論の好意度を上げるような努力が民主党内でもなされるべきであろうか[6]。）

5-4　その他の野党

　「「左派政党」全体では，95年と98年とで大差ない」ことを指摘した。この点から，95年から98年にかけての共産党の伸びは，左派政党を支持する有権者の票の奪い合いにすぎない，という可能性もある。今後共産党はどこまで伸びることができるだろうか[7]。

5-5　民意の変化と情勢調査

　投票意欲や政党支持は投票の1〜2ヶ月前から1〜2週間前の間のどこかで大きく動き始めた。その中で，内閣支持率は半年前に既に下落しており，選挙結果を占う先行指標として使える可能性がある。政党支持が大きく揺らいでいる現在，無党派有権者が投票先を決めるに際して，各党の＜顔＞の重要性が増してはいないだろうか。

　情勢調査と選挙結果が大きく異なったといわれる。しかし，その中心は，選挙区選挙であり，しかも，一部の大都市圏である。その限りでは，選挙区選で，無党派候補への票は決定時期が遅く，情勢調査では十分には読み切れなかった，という可能性がある。

　情勢調査は，比例選では選挙結果とそれほど大きな相違はない。比例選では情勢調査以降の変化はそれほど大きなものではなかったのであろう。比例選情勢調査の問題の1つは，情勢調査でも，自由党投票者の把捉率が低い点をとらえられなかった点であろう。

　これらの点については，今後，情勢判断の方程式を変えることで，より選挙結果に一致した情勢報道をなしうる可能性はある。

5-6 選挙に弱い政権党の出現

　80年代においても日本の有権者は変わりつつあった（宮野：1995参照）が，特に93年以降，有権者の政党支持や投票行動は大きく揺らいでいる。蒲島(1998a) も述べているように，バッファープレイヤーも変容した。

　98年参院選は，参院選でも首相交代が起こせることを示した。国民が審判する機会として，参院選の位置が上がってきているのである。このことは，有権者にとっては政治に意思表明するチャネルが大きく増えたことになって，代議制の短所を補えると見えるかもしれないが，政党や政治家にとっては審判の機会が増えたことになり，代議制の長所が薄れると見えるかもしれない。（参院選の間に衆院選を入れるならば，政党にとっては3年に2回の審判である。）

　比例選の導入は，その部分での「1票の重み」問題を解決することにもなり[8]，都市部の有権者の発言権を増大させた。比例選では過半数を制するような多数党は現れず，多党化が進んで（得票率の点で）小政党ばかりになってきている（これは比例選の選挙制度としての強い傾向則である）。今後とも，非常に選挙に強い政権党は現れにくいのではあるまいか[9]。

　これらのことは民意の反映・民主主義の進展という点では好ましい変化とも考えられようが，政治の安定には寄与しないおそれがある。選挙に強すぎる政権党は権威主義に走ったり堕落したりしがちであるが，選挙に弱すぎる政権党を持つことの危険性にも心を向けておくべきであろう。

謝　辞

　本論文の執筆・発表に際して，当時の読売新聞東京本社編集局世論調査部に選挙結果データ・事後面接データの利用を認めて頂いた。ここに記し感謝申し上げる。ただし文責は，すべて筆者にある。

1) 本章は，日本選挙学会1999年度大会の共通論題「98年参院選」部会 (1999/05/22) の第1報告の発表者論文である。事前に100部のコピーを事務局に

送付し（執筆は 1999/05/07），発表当日 100 部すべては参加者に頒布された。
　この論文は後日の加筆修正を前提にしており，今回の収録に際して修正することを考慮した。しかし期日が経過しており，加筆修正を試みると全くの別論文になってしまい，独自の意味を失うと思われた。そこで，基本的に内容に関しては加筆せず，表現についても，①明らかな誤字・脱字，②データ利用や時間的制約に関する言及，③図の白黒対応，④意味をとりやすくするための若干の語句の追加，⑤アンダーラインの削除，⑥注の追加，といった極めて限定的な修正にとどめた。
　以上のように特殊な位置づけの論文で，議論・表現・文章の勢いにまかせた荒さも目立つため，本書では「補章」とした。
2) 謝辞に記したように，当時の読売新聞東京本社編集局世論調査部に両データを提供して頂いた。
3) 4) 自民党は，2001 年 4 月に 50 代の小泉純一郎党首を選出し，「小泉旋風」が起き，2001 年 7 月の参院選では「大勝」した。
5) 自由党は，2003 年 9 月に解党し，民主党と合併した。
6) 民主党は，自由党の合流もあって党勢を拡大するなどし，2009 年 8 月の衆院選では 480 議席中の 308 議席を得て政権についたが，2010 年 7 月の参院選では敗れ，2012 年 12 月の衆院選で下野した。
7) 共産党は，衆院選の比例区でみると，2000 年には票を減らし，2003 年以降は 500 万票を切るが，2014 年に他の野党が沈む中で 600 万票まで戻した。99 年の学会発表時には，選挙結果データで 95 年・98 年を比べ，市区町村別に，第 1 に「投票率の変化」と「有効票比自民党得票率の変化」の散布図，第 2 に両年の「左派政党」の有効票比得票率の散布図を示した。
8) 「1 票の重み」の問題は完全解決には至らず，現在なお一層の公平が求められている。
9) 1996〜2014 年の選挙制度では，参院では大政党が議席を集めにくい。比例区は全国 1 区で，選挙区選でも定数の過半数は中選挙区で，また（3 年ごとの半数改選のため）続けて 2 回勝たないと安定多数を取りにくいためである。これに対し，衆院では大政党が現れうる。比例区はブロック別であり，小選挙区選（議数も多い）との並立制のためである。

参 考 文 献

1. 林文・田中愛治（1996）「面接調査と電話調査の比較の一断面：読売新聞社世論調査室の比較実験調査から」『行動計量学』23-1：10-19 頁。
2. 池田謙一（1997）『転変する政治のリアリティ』木鐸社。
3. 蒲島郁夫（1998a）『政権交代と有権者の態度変容』木鐸社。
4. 蒲島郁夫（1998b）「98 年参院選自民大敗の構図」『中央公論』9 月号。
5. 加藤央子（1996）「朝日新聞社の電話調査について」『行動計量学』23-1：3-9 頁。

6. 小林良彰（1998a）「「業績評価投票」へ転換」朝日新聞7月14日朝刊7面。
7. 小林良彰（1998b）「「党より経済」の有権者」読売新聞7月23日朝刊15面。
8. 小林良彰（1999）「わが国における選挙研究の系譜と課題」『選挙研究』No.14：5-18頁。
9. 三宅一郎（1985）『政党支持の分析』創文社。
10. 三宅一郎（1989）『投票行動』東京大学出版会。
11. 三宅一郎（1998）『政党支持の構造』木鐸社。
12. 宮野勝（1986）「誤答効果と非回答バイアス：投票率を例として」『理論と方法』Vol.1-1：101-114頁。
13. 宮野勝（1989）「総選挙における投票率の説明」『社会学評論』Vol.40（No.2）：166-179頁。
14. 宮野勝（1995）「日本の有権者の変化：80年代の「保守回帰」説の再検討」中央大学文学部社会学科紀要5号：33-47頁。
15. 宮野勝（1996）「政治に関する公正観」宮野勝編『日本人の公正観』中央大学社会科学研究所研究報告第17号：155-166頁。
16. 宮野勝（1998a）「職業と政党支持1955～1995年―日本における「階級政治」：業界代表モデルの提案」1995年SSM調査シリーズ7 片瀬一男編『政治意識の現在』第3章：45-63頁。
17. 宮野勝（1998b）「有権者，政治を注視」読売新聞7月26日朝刊。
18. 岡本正明（1998）「参院選を新聞・テレビはどう伝えたか―調査データから」『よろん』82号：3-18頁。
19. 田中愛治（1998a）「自民支持者も業績否定 国民意識が質的に変化」朝日新聞7月14日朝刊6面。
20. 田中愛治（1998b）「国民が拒否した「エリートの意思決定」」毎日新聞7月17日朝刊12面。
21. 谷藤悦史（1998）「第18回参議院通常選挙の選挙特性」『よろん』82号：19-29頁。

執筆者紹介（執筆順）

宮野 勝（みやの まさる）　中央大学社会科学研究所研究員，中央大学文学部教授
　　　　　　　　　　　　　　　　　　（はしがき，第1章，第4章，補章）
三船 毅（みふね つよし）　中央大学社会科学研究所研究員，中央大学経済学部教授
　　　　　　　　　　　　　　　　　　（第2章，第3章）

有権者・選挙・政治の基礎的研究
中央大学社会科学研究所研究叢書34

2016年3月30日　発行

編著者　宮野　勝
発行者　中央大学出版部
代表者　神﨑茂治

〒192-0393　東京都八王子市東中野742-1
発行所　中央大学出版部
電話 042(674)2351　FAX 042(674)2354
http://www2.chuo-u.ac.jp/up/

Ⓒ 2016　　　　　　　　　　　　　　電算印刷㈱
ISBN978-4-8057-1335-8

中央大学社会科学研究所研究叢書

1 中央大学社会科学研究所編
自主管理の構造分析
－ユーゴスラヴィアの事例研究－
A5判328頁・品切

80年代のユーゴの事例を通して，これまで解析のメスが入らなかった農業・大学・地域社会にも踏み込んだ最新の国際的な学際的事例研究である。

2 中央大学社会科学研究所編
現代国家の理論と現実
A5判464頁・4300円

激動のさなかにある現代国家について，理論的・思想史的フレームワークを拡大して，既存の狭い領域を超える意欲的で大胆な問題提起を含む共同研究の集大成。

3 中央大学社会科学研究所編
地域社会の構造と変容
－多摩地域の総合研究－
A5判482頁・4900円

経済・社会・政治・行財政・文化等の各分野の専門研究者が協力し合い，多摩地域の複合的な諸相を総合的に捉え，その特性に根差した学問を展開。

4 中央大学社会科学研究所編
革命思想の系譜学
－宗教・政治・モラリティ－
A5判380頁・3800円

18世紀のルソーから現代のサルトルまで，西欧とロシアの革命思想を宗教・政治・モラリティに焦点をあてて雄弁に語る。

5 高柳先男編著
ヨーロッパ統合と日欧関係
－国際共同研究Ⅰ－
A5判504頁・5000円

EU統合にともなう欧州諸国の政治・経済・社会面での構造変動が日欧関係へもたらす影響を，各国研究者の共同研究により学際的な視点から総合的に解明。

6 高柳先男編著
ヨーロッパ新秩序と民族問題
－国際共同研究Ⅱ－
A5判496頁・5000円

冷戦の終了とEU統合にともなう欧州諸国の新秩序形成の動きを，民族問題に焦点をあて各国研究者の共同研究により学際的な視点から総合的に解明。

中央大学社会科学研究所研究叢書

坂本正弘・滝田賢治編著

7 現代アメリカ外交の研究

A5判264頁・2900円

冷戦終結後のアメリカ外交に焦点を当て，21世紀，アメリカはパクス・アメリカーナⅡを享受できるのか，それとも「黄金の帝国」になっていくのかを多面的に検討。

鶴田満彦・渡辺俊彦編著

8 グローバル化のなかの現代国家

A5判316頁・3500円

情報や金融におけるグローバル化が現代国家の社会システムに矛盾や軋轢を生じさせている。諸分野の専門家が変容を遂げようとする現代国家像の核心に迫る。

林　茂樹編著

9 日本の地方ＣＡＴＶ

A5判256頁・2900円

自主製作番組を核として地域住民の連帯やコミュニティ意識の醸成さらには地域の活性化に結び付けている地域情報化の実態を地方のCATVシステムを通して実証的に解明。

池庄司敬信編

10 体制擁護と変革の思想

A5判520頁・5800円

A．スミス，E．バーク，J.S.ミル，J.J.ルソー，P.J.プルードン，Ф.N.チュッチェフ，安藤昌益，中江兆民，梯明秀，P.ゴベッティなどの思想と体制との関わりを究明。

園田茂人編著

11 現代中国の階層変動

A5判216頁・2500円

改革・開放後の中国社会の変貌を，中間層，階層移動，階層意識などのキーワードから読み解く試み。大規模サンプル調査をもとにした，本格的な中国階層研究の誕生。

早川善治郎編著

12 現代社会理論とメディアの諸相

A5判448頁・5000円

21世紀の社会学の課題を明らかにし，文化とコミュニケーション関係を解明し，さらに日本の各種メディアの現状を分析する。

■──── 中央大学社会科学研究所研究叢書 ────■

石川晃弘編著

13 体制移行期チェコの雇用と労働

A5判162頁・1800円

体制転換後のチェコにおける雇用と労働生活の現実を実証的に解明した日本とチェコの社会学者の共同労作。日本チェコ比較も興味深い。

内田孟男・川原　彰編著

14 グローバル・ガバナンスの理論と政策

A5判320頁・3600円

グローバル・ガバナンスは世界的問題の解決を目指す国家，国際機構，市民社会の共同を可能にさせる。その理論と政策の考察。

園田茂人編著

15 東アジアの階層比較

A5判264頁・3000円

職業評価，社会移動，中産階級を切り口に，欧米発の階層研究を現地化しようとした労作。比較の視点から東アジアの階層実態に迫る。

矢島正見編著

16 戦後日本女装・同性愛研究

A5判628頁・7200円

新宿アマチュア女装世界を彩った女装者・女装者愛好男性のライフヒストリー研究と，戦後日本の女装・同性愛社会史研究の大著。

林　茂樹編著

17 地域メディアの新展開
－CATVを中心として－

A5判376頁・4300円

『日本の地方CATV』（叢書9号）に続くCATV研究の第2弾。地域情報，地域メディアの状況と実態をCATVを通して実証的に展開する。

川崎嘉元編著

18 エスニック・アイデンティティの研究
－流転するスロヴァキアの民－

A5判320頁・3500円

多民族が共生する本国および離散・移民・殖民・難民として他国に住むスロヴァキア人のエスニック・アイデンティティの実証研究。

中央大学社会科学研究所研究叢書

19 連続と非連続の日本政治
菅原彬州編
A5判328頁・3700円

近現代の日本政治の展開を「連続」と「非連続」という分析視角を導入し，日本の政治的転換の歴史的意味を捉え直す問題提起の書。

20 社会科学情報のオントロジ
－社会科学の知識構造を探る－
斉藤　孝編著
A5判416頁・4700円

オントロジは，知識の知識を研究するものであることから「メタ知識論」といえる。本書は，そのオントロジを社会科学の情報化に活用した。

21 現代資本主義と国民国家の変容
一井　昭・渡辺俊彦編著
A5判320頁・3700円

共同研究チーム「グローバル化と国家」の研究成果の第3弾。世界経済危機のさなか，現代資本主義の構造を解明し，併せて日本・中国・ハンガリーの現状に経済学と政治学の領域から接近する。

22 選挙の基礎的研究
宮野　勝編著
A5判152頁・1700円

外国人参政権への態度・自民党の候補者公認基準・選挙運動・住民投票・投票率など，選挙の基礎的な問題に関する主として実証的な論集。

23 変革の中の地方政府
－自治・分権の制度設計－
礒崎初仁編著
A5判292頁・3400円

分権改革とNPM改革の中で，日本の自治体が自立した「地方政府」になるために何をしなければならないか，実務と理論の両面から解明。

24 体制転換と地域社会の変容
－スロヴァキア地方小都市定点追跡調査－
石川晃弘・リュボミール・ファルチャン・川崎嘉元編著
A5判352頁・4000円

スロヴァキアの二つの地方小都市に定点を据えて，社会主義崩壊から今日までの社会変動と生活実態を3時点で実証的に追跡した研究成果。

中央大学社会科学研究所研究叢書

石川晃弘・佐々木正道・白石利政・ニコライ・ドリャフロフ編著

25 グローバル化のなかの企業文化
－国際比較調査から－

A5判400頁・4600円

グローバル経済下の企業文化の動態を「企業の社会的責任」や「労働生活の質」とのかかわりで追究した日中欧露の国際共同研究の成果。

佐々木正道編著

26 信頼感の国際比較研究

A5判324頁・3700円

グローバル化，情報化，そしてリスク社会が拡大する現代に，相互の信頼の構築のための国際比較意識調査の研究結果を中心に論述。

新原道信編著

27 "境界領域"のフィールドワーク
－"惑星社会の諸問題"に応答するために－

A5判482頁・5600円

3.11以降の地域社会や個々人が直面する惑星社会の諸問題に応答するため，"境界領域"のフィールドワークを世界各地で行う。

星野智編著

28 グローバル化と現代世界

A5判460頁・5300円

グローバル化の影響を社会科学の変容，気候変動，水資源，麻薬戦争，犯罪，裁判規範，公共的理性などさまざまな側面から考察する。

川崎嘉元・新原道信編

29 東京の社会変動

A5判232頁・2600円

盛り場や銭湯など，匿名の諸個人が交錯する文化空間の集積として大都市東京を社会学的に実証分析。東京とローマの都市生活比較もある。

安野智子編著

30 民意と社会

A5判144頁・1600円

民意をどのように測り，解釈すべきか。世論調査の選択肢や選挙制度，地域の文脈が民意に及ぼす影響を論じる。

■──────── 中央大学社会科学研究所研究叢書 ────────■

新原道信編著

31 うごきの場に居合わせる
公営団地におけるリフレクシヴな調査研究

Ａ５判590頁・6700円

日本の公営団地を舞台に，異境の地で生きる在住外国人たちの「草の根のどよめき」についての長期のフィールドワークによる作品。

西海真樹・都留康子編著

32 変容する地球社会と平和への課題

Ａ５判424頁・4800円

平和とは何か？という根源的な問いから始め，核拡散，テロ，難民，環境など多様な問題を検討。国際機関や外交の意味を改めて考える。

石川晃弘・佐々木正道・リュボミール・ファルチャン編著

33 グローバル化と地域社会の変容
スロヴァキア地方都市定点追跡調査　Ⅱ

Ａ５判552頁・6300円

社会主義崩壊後四半世紀を経て今グローバル化の渦中にある東欧小国スロヴァキアの住民生活の変容と市民活動の模索を実証的に追究。

＊価格は本体価格です。別途消費税が必要です。